POUR EN FINIR
AVEC L'ÉCONOMISME

S'appauvrir dans un pays riche, Montréal, Éditions Albert Saint-Martin et CEQ, 1990.

Richard Langlois

POUR EN FINIR
AVEC L'ÉCONOMISME

Boréal

Les Éditions du Boréal sont inscrites au Programme de subvention du Conseil des Arts du Canada.

Conception : Gianni Caccia
Graphisme : Gérard

© Les Éditions du Boréal
Dépôt légal : 2ᵉ trimestre 1995
Bibliothèque nationale du Québec

Diffusion au Canada : Dimedia
Distribution et diffusion en Europe : Les Éditions du Seuil

Données de catalogage avant publication (Canada)
Langlois, Richard
    Pour en finir avec l'économisme
    (Collection Pour en finir avec)
    ISBN 2-89052-684-4

    1. Histoire économique - 20ᵉ siècle. 2. Consommateurs - Comportement. 3. Homo œconomicus. 4. Mercantilisme. I. Titre. II. Collection.
HC55.L36 1995   330.9'045   C95-940557-7

Économisme: *n. m. Doctrine privilégiant les faits économiques dans l'explication des phénomènes sociaux et politiques; manière d'agir qui en découle.*

Introduction

La fureur du cash[1]

Money, monnaie, j'te reconnais
Du fait que tu t'encrasses dans des liasses
T'as tout, t'as rien, tu l'montres ou ben tu l'caches
T'es conditionné par le cash

DIANE DUFRESNE.

De nos jours, on entend beaucoup parler d'économie. Beaucoup trop. Notre société risque la surdose tellement le niveau d'intoxication est élevé. Nous en sommes rendus à mesurer notre bonheur avec des indicateurs économiques. L'économie au service du monde est maintenant chose du passé. Nous vivons à une époque où c'est plutôt le monde qui est au service de l'économie. La Terre est devenue un gigantesque Club Price où les trois cinquièmes de la population n'ont pas de carte de membre. On a ramené l'être humain à l'état d'*homo economi-*

cus, un animal fictif exclusivement motivé par l'appât du gain. En rabaissant les hommes et les femmes au rang d'avides consommateurs de biens et de services ou d'obsédés producteurs de richesse, la pensée économique dominante, telle une épaisse glu, nous paralyse chaque jour davantage en confinant toutes les sphères de l'activité humaine à une rationalité exclusivement mercantile. Comme dirait Diane Dufresne, *j'te d'mande pas comment tu vas, j'veux juste savoir comment tu vaux.*

De fait, les quelques espaces dans nos vies privée et collective qui échappent encore au collimateur économique rétrécissent dangereusement. Véritable tourbillon qui emporte tout sur son passage, la logique économique impose désormais le tempo auquel tous se soumettent. C'est Bourgault qui écrivait dans une de ses chroniques que nous vivons dans un «marché de l'économie» et non dans une économie de marché. Il exagérait à peine. Société où les valeurs marchandes se généralisent, société où les rapports sociaux se réduisent à des rapports d'argent, société devenue «auxiliaire du marché» pour reprendre une expression de Karl Polanyi. J'ajoute «société aliénée par l'économie».

D'ailleurs, on ne vit plus en société mais dans un «marché». Le débat sur le libre-échange fut à cet égard fort révélateur. Ses défenseurs n'ont pas cessé de nous les casser avec leur «vaste-marché-de-360-millions-de-consommateurs-qui-est-le-plus-important-du-monde»! Important à quel niveau? Mais pour acheter et vendre davantage, voyons! Quoi d'autre? Au cours du débat, a-t-on soulevé des considérations autres que commerciales pour nous faire accepter l'idée d'une ouverture sur le Mexique? Les dimensions sociale, culturelle, humaine, etc.

Côté politique, le diktat de l'économie est devenu implacable. La foi aveugle que manifestent les gouvernements dans les mécanismes du marché pour résoudre tous les problèmes, loin de s'atténuer, a pris l'allure d'un pur messianisme. Comment expliquer autrement l'engouement presque maladif des États pour la libéralisation du commerce international? De l'Accord de libre-échange nord-américain (ALÉNA) aux accords du GATT, en passant par le libre-échange interprovincial, la croisade se poursuit de plus belle et l'aveuglement est toujours le même: on croit dur comme fer aux vertus salvatrices du libre marché. À propos de cette obsession, Gil Courtemanche soulignait dans une chronique du *Soleil* qu'un véritable concert louangeur et quasi religieux exprimait l'unanimisme médiatique et politique du dogme libre-échangiste.

D'un côté, les gens de progrès, les battants, les modernes; de l'autre, les archaïques, paysans et autres frileux qui veulent savoir avant d'avancer. Or, comme tous les dogmes, le libre-échangisme prôné par l'OCDE, le FMI et *tutti quanti*, est une sorte d'organisation arbitraire et magique de la réalité. Essentiellement, le dogme dit que la liberté augmente la richesse et que la liberté commerciale augmente la prospérité[2].

Quel beau concept que la liberté! Surtout celle du renard dans le poulailler. Pourtant, il n'est guère nécessaire de regarder très loin pour constater que la libéralisation économique pratiquée tous azimuts depuis plus d'une décennie a transformé nos sociétés en nouveaux royaumes de l'exclusion. Les faits parlent d'eux-mêmes; on dénombre actuellement 35 millions de chômeurs dans les pays de l'OCDE et ce nombre ne cessera d'augmenter sous la pression de changements technologiques accélérés. Et c'est sans compter les dizaines de millions d'individus qui sont éjectés pour de bon du marché du travail et sont refoulés vers l'aide sociale. Les inégalités et la précarité s'accentuant presque partout en Occident, la mondialisation des marchés n'est pas une panacée, loin de là, pour les pays riches. Imaginez alors pour les pays pauvres!

Conséquence de cet impérialisme montant de la rationalité économique occidentale, le libéralisme économique a fleuri aux quatre coins de la planète depuis une quinzaine d'années, entraînant même dans son

sillage les pays de l'Est. La fièvre spécula-
trice galopante des années 80 a travesti les
économies occidentales en gigantesques ca-
sinos où plusieurs ont d'ailleurs laissé leur
chemise. Au Québec, il aura en effet fallu le
krach boursier de 1987 pour ramener à la
réalité ces milliers de boursicoteurs qui
croyaient dur comme fer être sur la piste du
Klondike, ayant investi leur maigre pécule
dans des actions RÉA. Ce fameux Régime
d'épargne-actions était devenu un véritable
sport national pour les *yuppies* de tout acabit
qui, calculatrice en main, y allaient de leurs
pompeux pronostics dans les salons d'Ou-
tremont ou les lofts du Plateau. Les lende-
mains furent douloureux...

Que dire aussi du foisonnement des
émissions, des magazines et des chroniques
consacrés aux finances et à l'économie sans
que pour autant le niveau de compréhension face à la chose économique s'améliore
sensiblement dans la population ? Doit-on
s'en étonner ? La science économique, comme on l'appelle couramment, n'a malheureusement de scientifique que le nom, et sa
capacité d'explication des phénomènes économiques demeure très limitée, quoi qu'en
disent les économistes. Et lorsque les médias
s'en mêlent en tentant de vulgariser des
analyses généralement plus près de l'em-
brouillamini que de l'exposé clair, la brume
s'épaissit plus souvent qu'autrement. C'est
Jacques Attali qui soulignait avec beaucoup

d'à-propos que l'absurde performance des économistes est «d'avoir transformé un domaine qui est très proche de nous, car nous pouvons en faire l'expérience quotidienne en tant que travailleur, consommateur ou citoyen, en un tissu d'abstractions[...][3]. »

Ah! les économistes, parlons-en! Ces gourous de fin de siècle, qui forment une véritable caste, alimentent impunément la confusion dans laquelle nous baignons. À mi-chemin entre le physicien et l'astrologue, l'économiste est censé nous expliquer les rouages de l'économie. Encore faudrait-il qu'il les comprenne lui-même. Avec un outillage inadéquat et une bonne dose de témérité, il joue les scientifiques et se prononce à tout bout de champ sur des phénomènes dont la complexité le dépasse visiblement. Au fait, qui fraude le plus aujourd'hui, les astrologues ou les économistes? Est-il plus lourd de conséquences de prédire *ad nauseam* une fin du monde à laquelle seule croit une bande d'illuminés ou de prédire à tort et à travers une prospérité économique que tous attendent impatiemment mais qui ne profite finalement qu'à une minorité lorsqu'elle survient?

Les conjoncturistes, eux, forment une espèce bien particulière parmi les économistes. Généralement issus d'institutions financières ou d'universités, ils se penchent sur la conjoncture économique et nous livrent périodiquement leurs prévisions sous forme de «capsules» à la radio, à la télé ou dans les journaux. Qu'ils s'appellent Clément Gignac (Lévesque Beaubien), Yves Rabeau (UQAM) ou Dominique Vachon (Banque Nationale), ils abusent de clips économiques aussi vides que navrants – du genre «l'approche des élections rend les marchés financiers nerveux». Ils sont en quelque sorte les Jocelyne Blouin de l'économie, à la différence près que leur moyenne au bâton demeure nettement inférieure à celle de notre Jocelyne nationale. Si ça s'arrêtait là, on pourrait toujours passer l'éponge. Hélas! non. Ces météorologues de l'économie utilisent un jargon assez technique pour mêler tout le monde, et le manque de clarté de leurs commentaires sert trop souvent de camouflage à leurs nombreux errements.

Évidemment, notre chère télévision alimente cette vaste entreprise de mystification de mille et une façons. Mais, curieusement, ce sont les bulletins d'informations qui en donnent plus que le client n'en demande. Ils nous servent quotidiennement une ratatouille économique indigeste destinée à on ne sait qui. Vous êtes-vous déjà demandé, au fait, à qui et à quoi peuvent bien servir les indicateurs boursiers qu'on nous présente tous les jours avant la météo et les nouvelles du sport? Et le prix de l'or? Êtes-vous si nombreux à cacher des lingots sous votre lit? Le dollar canadien? Allez-vous annuler à la dernière minute vos vacances à Kennebunk s'il chute de 75/100 de cent par rapport à la veille? Vraiment de la pure mystification! En fait, ces indicateurs sont peut-être utiles à cette minorité de la population qui détient d'importants placements. Et encore, ces investisseurs (plus souvent qu'autrement spéculateurs) ont accès à une information beaucoup plus complète dans de nombreuses publications financières et des banques de données spécialisées.

Comme le souligne Jacques Godbout[4], le dollar a remplacé la messe, et toute information passe désormais à travers le prisme économique. Les profits et les déficits ont remplacé le Bien et le Mal. Le hic cependant est que cette surabondance quotidienne d'informations ne signifie aucunement que le public acquiert une meilleure compréhension des phénomènes économiques. Il suffit pour s'en convaincre d'observer l'incroyable confusion qui subsiste toujours dans les esprits autour de thèmes tels le chômage ou le déficit dont on parle pourtant sans cesse.

De son côté, la télé de divertissement est depuis longtemps traversée par les valeurs du courant économique dominant. Mais lorsque le vent affairiste s'est mis à souffler plus fort, les séries mettant en vedette des médecins et des avocats ont dû céder l'antenne à la brochette de surdoués des affaires qui ont sévi à qui mieux mieux dans *Dynastie, Dallas* ou la production québécoise

L'Or et le Papier. Les films sur les *golden boys* tels *Wall Street* et *Le Bûcher des vanités* ont proliféré. Les misères et les joies des riches vous intéressent? Vous n'avez qu'à vous asseoir devant votre petit écran et à zapper. Peut-être tomberez-vous sur *La Vie des gens riches et célèbres,* cette monstruosité des ondes à l'exhibitionnisme vulgaire qui est à la télé ce que la porno bas de gamme est au cinéma. Ajoutez à cela les *quiz,* les téléthons et les galas nuls, sans compter l'incessante orgie de pubs et vous vous sentez devenir une éponge, une lavette gorgée par cette avalanche de messages à forte teneur \$\$\$. Avant de vous transformer en loque humaine, rampez jusqu'à la sortie et allez vous éclater au Baseball Labatt, au Grand Prix Molson (course automobile) ou au Festival Bell (humour). Vous échapperez peut-être au bombardement télévisuel, mais la pub vous rattrapera en moins de deux et vous mitraillera où que vous soyez. Tenez-vous-le pour dit: avant toute chose, vous êtes un consommateur, on veut votre bien et on l'aura...

Et si vous cherchez dans la culture une sorte de paravent à l'économisme, vous avez toutes les chances de déprimer. Notre milieu culturel est sans cesse agité par des débats qui n'ont rien de trop culturel: le 1% du budget de l'État pour la culture, l'insuffisance des droits d'auteur, le statut économique de l'artiste, l'exiguïté du marché québécois, le dumping croissant de produits américains, la fiscalité trop lourde, etc. Pas étonnant dans un tel contexte qu'on parle davantage d'industries culturelles que de culture...

On va-tu arrêter de nous parler d'économie et retrouver un peu de cœur quelque part! Est-ce qu'on va se contenter du statut des artistes, se complaire là-dedans[5]? demande Claude Brassard.

À une époque où le fric donne le ton à la culture, l'événement culturel, lui, prend souvent l'allure d'un concert de tiroirs-caisses, comme ce remake de Woodstock organisé afin de permettre aux producteurs qui avaient manqué leur coup en 1969 – paraît-il qu'ils étaient trop *stone* – de vraiment s'enrichir en 1994.

L'éducation? De l'avis de la quasi-totalité des observateurs, notre système d'éducation n'a jamais été si mal en point. Traduction: nos écoles, collèges et universités ne tiennent pas suffisamment compte, dans l'élaboration de leurs programmes, des besoins de nos entreprises, engagées dans une guerre de tranchées gentiment baptisée «mondialisation de l'économie». Au prix qu'elle coûte, l'école doit devenir une mamelle de l'entreprise, et ça presse, nous disent les ténors néolibéraux.

Quant à la question nationale, il est extrêmement symptomatique que le débat sur l'avenir politique du Québec soit plus souvent qu'autrement réduit à l'examen de deux colonnes de chiffres : les avantages économiques du fédéralisme contre ceux de l'indépendance. Mais encore là, la chose s'explique car, malgré tous les beaux discours et les belles parades, en filigrane, la question qui brûle toutes les lèvres est de savoir si ça va être payant, la souveraineté.

Ajoutez à cela tout ce qu'on nous dit sur la récession qui n'en finit plus de finir, sur nos programmes sociaux qui coûtent prétendument trop cher, sur nos pensions qui ne pourront être versées faute de fonds, sur le dollar qui joue au yoyo, sur la guerre au déficit, sur le modèle japonais, sur la morosité des consommateurs, sur l'inquiétude des travailleurs, sur la nécessité d'être concurrentiels, sur la nervosité maladive des marchés, sur les dangers de l'inflation, sur les taux d'intérêt toujours trop hauts, et ça laisse bien peu de place à la poésie...

Cette montée de l'économisme est aussi caractérisée chez nous par l'émergence des gourous du Québec inc., perçus rapidement comme autant de Zorro et de Batman dont on attend rien de moins qu'ils sauvent la nation en nous propulsant sur le sentier de la prospérité. On a eu un bref aperçu de leurs talents avec les sagas Malenfant, Lavallin et Steinberg. Comme l'écrivait le coloré comptable Léo-Paul Lauzon, si on échangeait cent de nos gestionnaires contre un gestionnaire japonais, on ne ferait pas un si mauvais *deal*[6]...

Soi-disant ennemis jurés de l'État inter-ventionniste, nos apprentis sorciers ont bénéficié d'un soutien financier colossal de la part de cet État qu'ils dénigrent pourtant à la moindre occasion. Et qu'ont-ils fait lors-que les choses ont mal tourné? Ils sont par-tis avec la caisse en laissant le gouvernement (c'est-à-dire nous) se débrouiller avec les pots cassés. La bonne vieille maxime s'ap-plique toujours: le capitalisme, c'est la pri-vatisation des profits mais la socialisation des pertes.

Or, il est clair que, depuis une quinzaine d'années, la montée du courant économique néolibéral a fortement teinté tous les sec-teurs de notre société et alimenté l'obsession pour l'économie au détriment des autres aspects de la vie collective. Et pour justifier les privilèges de ceux que Galbraith appelle les «satisfaits», rien n'est ménagé.

[...] les individus et les groupes qui jouissent d'un statut économique, social et politique privilégié sont persuadés que l'ordre dont ils profitent est sociale-ment bon et politiquement durable. Cette équation est alors prouvée par tous les moyens, même face à l'éviden-ce impérieuse du contraire. Les con-victions des fortunés viennent justifier la perpétuation de leur contentement, et les idées économiques et politiques de l'époque sont accommodées à la même sauce[7], écrit le célèbre économiste.

D'où cette véritable bouillabaisse économique qu'on nous sert tous les jours et qui mystifie tout le monde. Or, appelons un chat un chat : l'Économie[8] est tout sauf une discipline objective. Et sous un vernis pseudo-scientifique, le discours économique en vogue justifie les pires aberrations et injustices sociales.

Quand Jean Chrétien claironne que le Canada est le meilleur pays du monde en se basant sur un rapport de l'ONU, alors qu'on y dénombre 1,5 million de chômeurs et plus de 2 millions d'assistés sociaux, que les soupes populaires sont débordées, que les prisons sont pleines, que l'analphabétisme et la précarité de l'emploi gagnent du terrain, il y a de quoi rire. On raconte d'ailleurs que, dans les coulisses des Nations Unies, on se roulait par terre en entendant cette déclaration. Comment se fait-il qu'un tel discours passe comme dans du beurre alors qu'en s'ouvrant le moindrement les yeux, on voit qu'il s'agit de pure frime ? En 1960, le propriétaire d'entreprise avait un revenu 40 fois plus élevé que le salaire moyen de ses employés. En 1990, c'était 93 fois[9] ! Si le pays s'enrichit, comment se fait-il que les écarts de revenus deviennent abyssaux ? On nous prend vraiment pour des imbéciles.

Si au moins l'économisme – cette subordination d'à peu près toutes les sphères de la vie humaine à la logique économique –

soulageait la misère et les inégalités, on pourrait se dire que la déshumanisation qui en résulte constitue une sorte de prix à payer. Mais on observe plutôt le contraire. Car dans ce terreau idéologique fleurit un libéralisme débridé qui fait du social un simple wagon à la remorque de la locomotive économique. On pourrait aussi ergoter longuement sur le sens profond de la résurgence du libéralisme économique en cette fin de siècle. Moins vainement, demandons-nous plutôt qui en profite.

Dénoncer l'emprise tentaculaire de l'économisme et déboulonner certaines idées reçues présentées comme des dogmes par la plupart des économistes qui adhèrent au courant économique dominant, tels sont les principaux objectifs de ce court essai. Écrit par un économiste, cet ouvrage pourra paraître incongru aux yeux de certains et les rendre désormais méfiants envers la gent économique. Si cela peut alimenter la critique, tant mieux ! Et si en plus cela refroidit quelque peu le délire de certains de mes collègues, alors là bravo ! L'imposture a assez duré. Si, comme j'en ai la preuve tous les jours, l'Économie est une sorte d'astrologie revue et corrigée par les économistes, alors il faut le dire fort. J'ai décidé de le crier. Et vous, vous n'êtes pas «tannés» de vous faire berner par les économistes ?

1

L'Économie : science ou fumisterie ?

Les physiciens ne se battent pas pour découvrir une façon de plus en plus élaborée d'observer la chute des pommes.

LAWRENCE H. SUMMERS.

L'anecdote qui suit, rapportée par J. M. Albertini dans *Des sous et des hommes*[1] vaut la peine d'être racontée même si elle date. Nous sommes le 23 octobre 1929 et deux millions et demi de titres changent de mains. Le très sérieux président de la National City Bank affirme toutefois fermement : « La situation demeure fondamentalement saine. » Le lendemain, la panique s'empare de Wall Street, la Bourse s'effondre et les pays capitalistes traversent par la suite la pire crise de leur histoire. Comme le souligne avec ironie Albertini, on était vraiment loin des prévisions enthousiastes du président des États-Unis qui, quelques mois plus tôt, avait déclaré: «Avec la garantie que la paix va régner pendant de très nombreuses années, le monde est sur le seuil d'une grande expansion industrielle et commerciale.» La forte expansion a bel et bien eu lieu mais quinze ans plus tard et après la Deuxième Guerre mondiale, la plus terrifiante que l'humanité ait connue! C'est Keynes qui prédisait, en se moquant de tous ces prophètes économistes, que, «à long terme, nous serons tous morts».

Plus près de nous, j'ai beau replonger dans mes souvenirs du début des années 80 et des années 90 et éplucher la documentation de l'époque, ni les économistes, ni les politiciens et encore moins les gens d'affaires n'avaient prévu les deux graves récessions de 1981-1982 et de 1990-1991. Même chose pour le krach boursier de 1987 qui a frappé comme l'éclair. Et qu'ont dit les économistes après l'effondrement des cours boursiers à New York? Avec une belle unanimité, ils ont ravivé le spectre de la crise de 1929. Or, l'histoire, toujours têtue, s'est chargée encore une fois de les remettre à l'ordre car les années 1988 et 1989 ont été relativement bonnes pour l'économie. Bref, comme l'observe le pince-sans-rire qu'est

Albertini, la prévision économique est surtout difficile quand elle concerne l'avenir !

Les hauts et les bas d'une pseudo-science...

Où donc se situe le problème ? Du côté de l'Économie ou des économistes ? Hélas ! des deux, même si peu d'économistes l'admettent. Le gag de l'économiste perdu dans le Sahara, assoiffé et cherchant désespérément à ouvrir la seule bouteille d'eau en sa possession introduira ici mon propos. Après s'être gratté l'occiput pendant au moins une heure, il s'écrie : « Eurêka ! Supposons que j'aie un décapsuleur... » Le plus triste de l'histoire, c'est que cette plaisanterie caricature à peine la façon dont une majorité d'économistes aborde les problèmes.

À l'approche du XXIe siècle, il est utile de rappeler que les fondements méthodologiques de la théorie économique moderne sont calqués sur ceux de la physique d'il y a trois cents ans. Les économistes ont donc transposé dans une science sociale les méthodes et les idées qui étaient celles des sciences de la nature à l'époque de Newton. Le déterminisme était alors roi et la science connaissait des avancées assez spectaculaires pour que germe l'idée suivante : avec un peu de patience, on pourrait expliquer et même prédire tous les phénomènes sociaux avec la même précision qu'un astronome calcule l'avènement d'une éclipse. Les économistes assimilèrent ainsi la société à un mécanisme naturel comparable au système solaire ou à un être vivant. L'équilibre du système économique découlait tout bonnement de l'interaction d'agents libres qui assurait à la fois la meilleure allocation des ressources et l'atteinte d'un optimum économique[2]. Les agents avaient des comportements parfaitement rationnels, et la poursuite éclairée de leurs intérêts individuels devait mener automatiquement à une maximisation du bien-être collectif. C'est ce qu'on a appelé la fameuse « main invisible » qui sert toujours aujourd'hui de justification aux apôtres du laisser-faire.

La notion d'équilibre est donc devenue un pilier de la théorie économique et, encore de nos jours, l'étudiant de première année en Économie s'entend répéter que, sur un marché, le prix d'équilibre résulte d'une libre confrontation entre l'offre et la demande, toute variation de ces dernières devant mener à une nouvelle situation d'équilibre. Foutaise que tout cela ! Comme le soulignent avec justesse les économistes Beaud et Dostaler, la réalité n'a cessé de contredire la vision véhiculée par la plupart des économistes selon laquelle le libre fonctionnement des marchés suffit à assurer le plein-emploi des ressources et leur allocation optimale.

Depuis deux cents ans, les crises écono-

miques récurrentes ont jeté par terre les uns
après les autres ces échafaudages éso-
tériques, tout juste bons pour les illuminés.
Ceux qui croient encore aux marchés équili-
brés n'ont qu'à examiner ce qui se passe du
côté du marché des changes – le cours du
dollar oscille de façon plutôt anarchique
merci – et de celui de l'emploi où, avec un
taux de chômage officiel supérieur à 10 %, il
devient farfelu d'évoquer un quelconque
équilibre. Mais la foi déplace des mon-
tagnes, c'est bien connu.

À tout début de récession économique,
on entend invariablement prédire
qu'elle sera courte et qu'elle se corri-
gera elle-même. Toujours la théologie
de l'heureux résultat final : le cycle des
affaires a sa propre dynamique bien-
faisante[3].

Mais c'est l'idée même que les phénomènes économiques et sociaux obéissent à
des lois précises qui ne tient pas la route. En
effet, le degré élevé d'imprévisibilité des
comportements humains, qui est une carac-
téristique fondamentale de toute organisation sociale, distingue le monde social du
monde physique et place les événements
sociaux très haut dans la pyramide de la
complexité.

Et puis, on peut se dire que, à l'ère de la
physique quantique et de la théorie du
chaos, non seulement la physique newto-
nienne – et avec elle la vision déterministe

du monde — a pris un sérieux coup de vieux, mais l'incertitude est devenue la nouvelle donne avec laquelle même les physiciens doivent désormais compter. Bref, les économistes devraient cesser de s'énerver inutilement. L'Économie demeure, malgré l'épais vernis de scientificité qui la recouvre, une discipline éminemment brouillonne.

... qui se drape d'une fausse neutralité idéologique

C'est tout juste si l'économiste ne se promène pas en sarrau pour «faire plus scientifique». On le comprend, le pauvre. Ses travaux sont farcis de jugements de valeur, ce qui n'est pas très bien vu dans le monde des sciences dites exactes. Tant qu'il se confine à l'analyse descriptive des phénomènes économiques, il demeure en terrain relativement neutre sur le plan idéologique. Le glissement survient lorsqu'il tente de théoriser à partir de ses observations. Il doit alors inévitablement formuler des hypothèses sur les comportements des individus, et souvent même en faire ses postulats. C'est là qu'il se casse généralement la gueule.

Prenons un exemple simple et actuel : la taxation. D'emblée, personne n'aime les impôts et tous — ceux qui en paient — voudraient en payer moins. Or, que nous dit la théorie au sujet des effets économiques appréhendés d'une modification des taux d'imposition ? La courbe de Laffer — du nom de son concepteur Arthur Laffer – nous enseigne que les recettes fiscales augmentent lorsque le taux d'imposition croît, mais que cette relation s'inverse à partir d'un seuil qualifié de taux optimal d'imposition. Pourquoi ? Parce que les effets « désincitatifs » de la fiscalité devraient en principe décourager les entrepreneurs d'investir et les salariés de travailler davantage, réduisant ainsi la production et, par voie de conséquence, les rentrées fiscales. Évidemment, cette analyse, qui est devenue avec le temps le support théorique de tous les mouvements de révolte fiscale, débouche sur la prescription qu'il faut baisser les taxes des plus fortunés pour relancer l'économie, ce qui fait l'affaire de la minorité nantie. Le tour de force consiste donc à démontrer qu'une réduction des impôts des riches non seulement ne diminue pas les recettes fiscales de l'État, mais les augmente. C'est ce que Laffer s'est employé à faire en bricolant sa justification théorique avec un incroyable culot et presque tout le monde l'a cru !

Peu importe qu'en réalité il n'existe aucun niveau optimal d'imposition, puisqu'on observe des niveaux de taxation fort différents d'un pays à l'autre et dans le temps sans que cela affecte significativement la performance économique. Peu importe également que cette politique préconisée avec zèle par Ronald Reagan au début des années 80 n'ait eu d'autres effets notables que d'accroître les inégalités et d'augmenter le déficit budgétaire aux États-Unis. Qu'à cela ne tienne, on a là un cas patent où l'idéologie prend le dessus sur les faits et où l'économiste devient le technicien servile de la classe dominante.

Dans ce cas bien précis, il généralise implicitement le comportement individuel hypothétique de résistance fiscale à l'ensemble des entrepreneurs et des travailleurs, et l'élève au rang de comportement universel, ce qui est loin d'être vérifié empiriquement. Il raisonne comme si la collectivité était constituée par la somme d'individus représentatifs aux comportements identiques, une hypothèse qui ne résiste pas cinq minutes à l'épreuve de l'observation. Il dégage ainsi une loi prétendument aussi universelle que celle de la gravitation en physique. Enfin, il fournit aux politiciens néolibéraux l'argumentation rêvée pour démanteler l'État-providence. Pas étonnant que ces derniers en redemandent.

Comme le dit Robert Heilbroner[4], le problème n'est pas que l'Économie, à l'instar des autres sciences sociales, soit empreinte de jugements de valeur, ce qui apparaît inévitable. Ce qui est grave, c'est qu'elle ne l'admette pas. Elle évacue tout ce qui est social ou politique — notamment les rapports de pouvoir — et, ce faisant, elle s'aseptise et se camoufle derrière le paravent de l'objectivité.

Un autre exemple d'hypothèse tordue ? En présentant les relations qu'entretiennent les humains avec la nature et les objets comme indépendantes de la société et de la culture qui les imprègnent, l'analyse économique pose la notion de besoin — qui est à la base de la consommation et de l'essentiel de la théorie économique actuelle — comme exogène au milieu socioculturel, ce qui est totalement aberrant. Il faut dire que, même dans les livres d'Économie les plus récents, le marketing n'a pas encore été inventé !

En tenant pour universels des comportements économiques stéréotypés, les économistes se fourvoient et nous fourvoient. Ainsi, l'idée que tous les agents économiques adoptent indistinctement un comportement de maximisation est une loi sacrée de l'analyse économique traditionnelle. En vertu de cette pseudo-loi, les travailleurs chercheraient à maximiser leurs revenus ; les consommateurs, leur satisfaction ; les entrepreneurs, leurs profits. Comme le souligne Heilbroner, cette lecture simpliste de la réalité sociale découle probablement de la tendance qu'ont les économistes à considérer que «davantage est synonyme de mieux». Mais il y a plus. On établit souvent ces comportements d'optimisation sans se demander si les décideurs sont vraiment libres d'optimiser quelque chose et à quelles conditions.

Avec des hypothèses aussi réductrices et

aussi biaisées sur le plan idéologique que celles décrites plus haut – au demeurant, elles fourmillent en Économie –, comment s'étonner des résultats souvent peu concluants des analyses ?

L'analyse économique, écrivent Attali et Guillaume, repose encore aujourd'hui sur les deux propositions majeures d'Adam Smith : il est possible d'accroître les productions matérielles par la division du travail et par une exploitation sans fin de la nature. L'efficience et la croissance de la production constituent encore l'essentiel des théories. C'est pourquoi, après s'être développées pendant deux siècles sur ces bases, elles peuvent difficilement assurer une reconversion radicale et des phénomènes majeurs de notre temps restent sans explication : l'inflation, les mécanismes de répartition des revenus et des pouvoirs, l'interdépendance des phénomènes sociaux, politiques et économiques[5].

Mais revenons sur la neutralité idéologique dont se targue l'analyse économique. On aura compris que le recours systématique aux jugements de valeur, qui caractérise cette discipline, la mène inévitablement sur «l'autoroute de la subjectivité».

Et à cet égard, la situation du chercheur en «science économique» se présente fort différemment de celle du spécialiste en sciences pures. En effet, pour ce dernier, la découverte de résultats inattendus peut certes ébranler ses certitudes, mais elle ne perturbe pas sa vision de l'ordre social. En revanche, l'économiste chercheur confronté à des conclusions inattendues dans l'univers des sciences sociales se retrouve presque toujours coincé entre l'arbre et l'écorce: ou il remet en cause la légitimité du système social dont il fait partie ou bien il le justifie. Pour Albertini, l'économiste est toujours du côté du pouvoir, qu'il soit à prendre, à conserver ou à organiser. Conséquemment, il apparaît clair que les économistes cherchent la plupart du temps — et ce consciemment ou inconsciemment — à démontrer la viabilité ou la non-viabilité du système sur lequel porte leur analyse. Bref, l'imperméabilité de la «science économique» à l'idéologie est une vue de l'esprit savamment entretenue par les économistes qui ont intérêt à garder intact le pouvoir que leur confère le statut usurpé de scientifique. Mais cette aura de scientificité est également récupérée par tous ceux qui ont à cœur le maintien de l'ordre social existant. L'Économie, une méthode de calcul indépendante de la réalité sociale? Faites-moi rire...

... et qui se cache derrière l'écran fumeux des mathématiques et du formalisme

C'est au XXᵉ siècle que l'Économie s'est mathématisée «mur à mur». Elle entre alors dans une ère de «prédominance du mesurable» comme le souligne Alain Bienaymé[6]. Or, contrairement au physicien ou à l'astronome, l'économiste, lorsqu'il recourt systématiquement à l'outil mathématique, fait face à un sérieux problème : la distance réduite qui le sépare de son objet d'analyse. Plus grave encore : les phénomènes sociaux qu'il observe réagissent aux outils qu'il leur applique. En valorisant indûment la dimension logique et rationnelle des phénomènes sociaux, l'outil mathématique sème des illusions. Certes, il constitue un langage universel. Mais, plus souvent qu'autrement, la façon dont les économistes l'utilisent les amène à «privilégier l'unité et la cohérence du raisonnement au détriment de sa pertinence», pour reprendre les propos de Bienaymé. En somme, on «trippe» sur les équations et la beauté du modèle, peu importe que l'échafaudage soit totalement déconnecté de la réalité économique qu'on prétend étudier.

Encore aujourd'hui, les économistes utilisent l'expression «toute chose étant égale par ailleurs» pour masquer leurs difficultés à domestiquer les outils mathématiques disponibles ainsi que leur incapacité à appréhender la complexité des phénomènes qu'ils scrutent. Ils tentent de procéder comme le chercheur en laboratoire qui fait varier un à un ses paramètres en gardant les autres constants et qui répète son expérience autant de fois que nécessaire. Est-il besoin de signaler que cette méthode se révèle totalement inadaptée à l'étude des phénomènes sociaux qui mettent en jeu la variation simultanée de centaines de facteurs et qui ne sont pas reproductibles *in vitro*? Pour Bienaymé, il suffit d'oublier ce qu'une conclusion chiffrée doit à l'aspect réducteur des hypothèses initiales pour qu'un malentendu s'installe.

Qu'à cela ne tienne, au fil des décennies, on a assisté à une montée de la formalisation de l'Économie, tant et si bien que l'obsession du chiffre, la mesure opérationnelle et la modélisation mathématique sont devenues davantage des fins que des moyens. De larges pans de la quincaillerie mathématique ont envahi le champ de l'Économie : calcul différentiel et intégral, algèbre, analyse numérique, programmation linéaire et non linéaire, probabilités et statistiques, théorie des jeux et même le *nec plus ultra* —qui a permis à un petit malin de déjouer le Casino de Montréal —, la théorie du chaos. Or, les économistes ont eu beau multiplier les doubles vrilles et les triples saltos mathématiques, cela n'a rendu que plus sibyllin leur charabia. «La virtuosité mathématique peut enfanter des êtres qui demeurent étrangers à la réalité économique censée les inspirer», dit Bienaymé[7].

Et cela d'autant plus que cette mathématisation de la discipline s'est accompagnée d'une évacuation quasi totale de la dimension historique dans les analyses, ce qui a creusé un véritable abîme entre la théorie et les phénomènes observés. Quelques courageux se sont d'ailleurs rendus à l'évidence. Avec une candeur qui frôle l'autoflagellation, Alan Abouchar (Université de Toronto) s'est amusé à décortiquer et à commenter certaines théories économiques couramment enseignées dans nos universités.

> L'Économie, constate-t-il, est de plus en plus critiquée pour sa tendance à traiter de sujets abscons à l'aide d'outils ésotériques. Le problème est réel : les fondements mêmes de l'Économie sont discutables[8].

Et paf! Faut croire qu'Abouchar était en proie à de violents doutes existentiels le jour où il a commis son article intitulé «Through the Glass Darkly», publié dans la revue américaine *Challenge* en 1989. Vous trouvez son jugement sévère? Parlant de ses collègues les économistes, il n'y allait pas avec le dos de la cuillère :

> Plutôt que de rendre plus intelligible l'économie moderne, leurs théories, parce qu'elles essayent de tenir tête au

monde réel, la rendent au contraire plus obscure aux yeux des hommes d'affaires, des consommateurs et des décideurs politiques[9].

Comprenons-nous bien, je ne veux aucunement dénigrer ici les mathématiques. Mais tenter de rendre compte de toute la complexité et des nuances qui caractérisent les comportements économiques avec des modèles mathématiques qui ne captent que la dimension quantitative, c'est comme faire jouer du Debussy à un robot ! Il jouera la partition mais passera à côté de l'essentiel.

En ce sens, écrit Henri Guitton, l'apparente imprécision du langage naturel est supérieure à la rigidité du langage formel. Les symboles et les manipulations algébriques ne nous révèlent pas ce qu'il y a d'essentiel dans le comportement humain[10].

L'espèce de raffinement qu'apporte avec lui l'outil mathématique contribue à propager le mythe selon lequel l'Économie transcende les idéologies et constitue une sorte de «super science humaine» plus objective que la sociologie ou la science politique. Mais il n'en est rien et même la modélisation la plus sophistiquée ne saurait occulter son caractère foncièrement subjectif et ses liens étroits avec le politique, le social et même le culturel.

En somme, l'inefficacité des théories et des modèles les plus élaborés pour ce qui est d'expliquer de manière minimalement satisfaisante les phénomènes économiques les plus courants discrédite fortement l'Économie, une discipline que plusieurs ont trop rapidement élevée au rang de science. Cela devrait selon Woo[11] inciter les économistes à se montrer plus éclectiques dans leurs approches et à se méfier de l'extrémisme méthodologique.

Economicum delirium, quand tu nous tiens

L'économiste Gilles Dostaler, éminent spécialiste de l'épistémologie et de l'histoire de la pensée économique, qui a de surcroît longtemps frayé avec les mathématiques et la physique, déclarait dans une entrevue au *Devoir*: «Seule une science sociale globale permettra de comprendre la société[12].»

Simple constat d'impuissance venant d'un universitaire frustré devant l'échec de l'Économie à appréhender la complexité croissante des phénomènes sociaux? Ce serait bien mal connaître cet homme plutôt bien placé pour évaluer les forces et les faiblesses de l'Économie contemporaine. Avec lucidité, il ne se gêne pas pour la descendre de son piédestal et dénoncer le pouvoir excessif dont jouissent de nos jours les économistes. Il rejoint en ce sens Keynes qui considérait que la place des économistes dans la société ne devrait pas être «au volant» mais plutôt «sur la banquette arrière».

Or, même si ces derniers ont vu leur prestige s'effriter depuis vingt ans, ils conservent énormément d'influence. Dans les années 50 et 60, les économistes qui s'appuyaient essentiellement sur les idées de Keynes et sa Théorie générale avaient la prétention de pouvoir régler l'économie un peu comme une horloge. On parlait alors de « réglages de précision » (*fine tuning*), une expression encore utilisée. L'économiste était vu comme un garagiste haut de gamme qui connaissait bien la mécanique du système économique et pouvait la réparer en cas de bris ou d'accident. Tel un grand prêtre ou un druide, il administrait une potion magique au patient, qui était guéri sur-le-champ[13].

Après la Deuxième Guerre mondiale, l'Occident traversa un cycle de prospérité si long – les Trente Glorieuses – que plusieurs économistes, et non des moindres, en vinrent à clamer sur tous les toits que grâce à eux on avait enfin vaincu les récessions. Ibrahim Warde parle d'« économistes en flagrant délire » pour illustrer l'euphorie débridée qui s'était emparée de cette communauté[14]. Toutefois, la crise pétrolière de 1973, la stagflation des années 70, puis les deux graves récessions de 1982 et 1990, entre autres événements, ont eu au moins l'avantage de remettre les pendules à l'heure en ébranlant des certitudes qui reposaient sur du vent.

2

Stats, mensonges
et économie

Dans la vie, il y a trois sortes de mensonges : les petits, les gros et les statistiques.

VIEUX PROVERBE CHINOIS.

Quoi de plus commode que les bonnes vieilles statistiques pour argumenter sur la place publique, déjouer un interviewer ou encore clouer le bec à son rival dans une discussion animée ? Une volée d'indicateurs par la tête et arrangez-vous avec ça ! De toute façon, l'émission, le débat public ou la table ronde sera terminé bien avant que vous ayez réussi à vous dépêtrer sous l'avalanche de chiffres. À ce moment-là, je serai déjà loin et le mal (ou le bien,

selon le point de vue...) sera déjà fait.
Comment je le sais? Parce que, en tant
qu'économiste, c'est le genre de jeu auquel il
faut absolument savoir jouer, au cas où.
Surtout qu'ils sont nombreux dans la profession à abuser de cette stratégie. Et comme
dirait Jacques Demers, l'entraîneur du
Canadien, la meilleure défensive, c'est l'at-
taque!

Mais il n'y a pas que les économistes qui
carburent aux statistiques. Les médias en
font leurs choux gras, les groupes de pression les tordent dans tous les sens, et les
politiciens les adorent. Elles sont devenues,
en quelque sorte, la pâte à modeler indis-
pensable à l'élaboration de tout discours
public et singulièrement du discours économique. Elles lui apportent le soupçon de
crédibilité dont il a si souvent besoin. Et
dans l'esprit de monsieur, madame Tout-le-
Monde, l'équation est simple : qui dit statistiques dit mathématiques et qui dit mathématiques dit «bolle». Celui qui les manipule
avec un minimum de dextérité jouit automatiquement d'une forte crédibilité.

Mais attention! Comme il est de noto-
riété publique qu'on peut leur faire dire
n'importe quoi ou presque, certains ne se
privent pas pour y aller un peu fort et se
couvrir ainsi de ridicule. L'éternelle polé-
mique entre fédéralistes et souverainistes
sur les coûts présumés de l'accession à
l'indépendance constitue un bon exemple

de duel statistique stérile où c'est le spectateur qui est le grand perdant. Comme dans un match de hockey, le nombre élevé de buts comptés n'est pas garant de la qualité du jeu.

Si les chiffres pouvaient parler...

En 1995, tenir un discours économique sans lancer des salves de chiffres n'a plus sa place. Les gens désirent des certitudes alors quoi de mieux qu'un cocktail de statistiques pour les rassurer ? Après la religion, la politique, la famille et le couple qui sont tombés bas dans l'échelle des valeurs, à quoi d'autre s'accrocher sinon aux chiffres ? Et ne comptez pas sur les économistes pour ébranler ces croyances collectives savamment entretenues.

Indices de prix, taux de chômage, indices boursiers, prévisions, statistiques de toutes sortes, nous sommes enterrés quotidiennement sous une masse de chiffres dont l'exactitude et l'objectivité ne sont qu'apparentes. Dès l'étape de la collecte de l'information, des distorsions apparaissent. C'est qu'il faut souvent convertir des quantités en valeur, effectuer des lissages et des corrections dans les séries de chiffres. Très souvent aussi, la première donnée publiée n'est que provisoire et sujette à une révision qui pourra la modifier sensiblement. Et comme la plupart des données économiques sont colligées au moyen d'enquêtes, elles comportent forcément une marge d'erreur inhérente à ce type d'exercice. Donc, lorsque nos données sortent fraîchement de «l'usine» – chez nous, elles proviennent souvent de Statistique Canada qui produit des chiffres comme d'autres produisent des bas de nylon –, elles ont subi tellement de manipulations qu'elles constituent au mieux des approximations raisonnables de la réalité qu'elles cherchent à quantifier. Et on n'a même pas commencé à les interpréter.

Aussi, au royaume des stats, tout n'est souvent que piège ou illusion. Par exemple, quand je dis qu'on dénombre au Québec 4,5 habitants au kilomètre carré, ce qui est rigoureusement vrai, je présente l'image d'un pays quasi désertique. Or, lorsqu'on sait que la population est très fortement concentrée dans la vallée du Saint-Laurent, cette moyenne n'a aucun sens. De même, parler du revenu moyen d'une population ne nous informe aucunement sur sa répartition entre les régions, entre les hommes et les femmes ou entre les classes sociales.

Autre piège statistique : les corrélations. Dans ce cas, le danger consiste à conclure qu'une corrélation existant entre deux phénomènes implique la présence d'une relation de cause à effet entre eux. Par exemple, Claude Blais, un ami mathématicien, me disait qu'on observe une étroite corrélation entre le chômage aux États-Unis et le nombre de centimètres de neige qu'il tombe annuellement à Ahmerst, petite localité du Massachusetts! Or, méfiez-vous des économistes car ils raffolent des corrélations statistiques.

Et puis il y a les aberrations. Le taux de chômage par exemple. Voici comment on le mesure. Au cours de l'enquête mensuelle sur la population active, on demande aux personnes interviewées si elles travaillaient pendant la semaine de référence. Si oui, elles sont considérées comme occupées. Autrement, on leur demande si elles cherchaient alors activement un emploi. Si c'est le cas, elles entrent dans la catégorie des chômeurs. Autrement, elles ne sont pas comptabilisées. Le taux de chômage est simplement le ratio suivant calculé sur la base de ces données :

$$\frac{\text{Chômeurs}}{(\text{Chômeurs} + \text{personnes occupées})}$$

Toutes les personnes découragées qui ne cherchent plus d'emploi sont donc automatiquement négligées. Les assistés sociaux aptes au travail ne sont pas comptabilisés, de même que les nouveaux arrivants sur le marché du travail. On a donc là un indicateur qui fait état de 400 000 chômeurs officiels alors qu'en réalité le nombre de personnes sans emploi est sûrement trois fois plus élevé. On observe parfois la situation loufoque où le taux de chômage diminue simplement parce que des chômeurs se retirent du marché du travail faute d'emplois disponibles. Comme le ridicule ne tue pas, on a même vu en 1994 Paul Martin et Daniel Johnson se réjouir publiquement de l'augmentation du taux de chômage ! « C'est une bonne nouvelle car cela signifie que des milliers de travailleurs ont repris confiance et réintègrent le marché du travail » disaient-ils en substance. Vraiment à se rouler par terre. À croire qu'on atteindrait le comble du bonheur à 20 %, 25 % ou 30 % de chômage[1]...

Cela rappelle feu le gouvernement Mulroney qui, en réaction aux commentaires d'un comité de l'ONU lui reprochant son laxisme face à la pauvreté endémique, suggérait ouvertement qu'on abaisse les seuils de pauvreté ! Cachez-moi ces pauvres que je ne saurais voir. Tant qu'à changer les méthodes de comptabilisation, pourquoi ne pas faire la même chose pour le déficit et la dette dont on nous rebat les oreilles ? Ça réglerait le problème (du moins en apparence) et ça ne coûterait pas cher...

Cet imposteur, le PIB

Le PIB (produit intérieur brut), un des indicateurs économiques les plus utilisés, mesure, en monnaie, la quantité de biens et services produits dans un pays au cours d'une année donnée. En ne comptabilisant que les biens et services marchands, le PIB ne comprend ni le travail domestique, ni le bénévolat, ni l'économie au noir. Des pans entiers de l'activité humaine sont donc négligés dans cette évaluation de la richesse collective. L'anecdote classique voulant que l'homme qui épouse sa femme de ménage provoque une baisse du PIB – si elle continue d'effectuer des tâches domestiques après le mariage mais sans monnayer ses services (eh oui, ça existe encore) – illustre de façon éloquente le genre de pièges que nous tendent les statistiques économiques.

Le PIB est donc un indicateur qui non seulement ne mesure pas tout, mais mesure assez drôlement les choses. Prenons, à titre d'exemple, les fameux tam-tams du mont Royal, cet événement culturel spontané qui l'été, à Montréal, attire beau temps, mauvais temps, une foule bigarrée au pied de la montagne. Les tam-tams ont longtemps diverti des milliers de jeunes et de moins jeunes, tout en demeurant un événement gratuit qui générait un minimum d'activité économique comptabilisée. On connaît la suite. La foule attire les vendeurs de babioles, de sandwiches, de bière ou encore de drogue, ce qui ne surprend guère. Mais jusque-là, on parle toujours d'un phénomène aux retombées économiques officielles très limitées, le gros du commerce s'effectuant au noir. Mais les choses se corsent. Car les vendeurs illégaux attirent la police qui, elle, attire les médias. Cela signifie du temps supplémentaire payé en double à des salariés dont les revenus se situent déjà au-dessus de la moyenne. Et ils sont de plus en plus nombreux d'un dimanche à l'autre, au fur et à mesure que les esprits s'échauffent. Le PIB augmente.

Fabulons un peu, pour boucler notre raisonnement, et imaginons un dénouement catastrophique (moins probable que l'autre catastrophe qui consiste à encadrer l'événement dans le but de protéger la population...). Un beau dimanche, quelques têtes brûlées des deux côtés — flics et fêtards — mettent le feu aux poudres et le tout finit en émeute, style Coupe Stanley, mais en pis. Bilan : 3 morts, 50 blessés, et la moitié de la montagne rasée par un gigantesque incendie. L'appareil judiciaire se met en branle, le système de santé également, les compagnies d'assurances font des affaires d'or et la montagne n'est pas encore reboisée. Bref, ça grenouille d'activités économiques comptabilisées dans le PIB. Or, ce scénario, ce n'est ni plus ni moins que la guerre en plus petit. De la destruction qui fait marcher l'économie ! Vous riez ? Rappelez-vous que la guerre du Golfe n'était même pas terminée que les grandes compagnies faisaient la queue afin d'obtenir les lucratifs contrats attachés à la reconstruction du Koweit. James Baker, l'ancien secrétaire d'État américain avait expliqué aux journalistes qui l'interrogeaient sur les véritables buts de la guerre menée par les États-Unis : « Si vous voulez résumer la réponse en un seul mot, c'est : des emplois, des emplois, des emplois[2]. » La manne se déplacera sans doute en Bosnie ou en Palestine dès qu'on pourra y reconstruire sans recevoir un obus sur la tête.

Dans le même ordre d'idées, on pourrait donner des dizaines d'exemples d'activités nocives pour l'environnement qui génèrent tout de même énormément de retombées économiques. Or, non seulement leurs effets nuisibles sur l'environnement sont ignorés dans la comptabilisation économique, mais les activités destinées à réparer les pots cassés (dépollution, indemnisations pour les dommages à la santé entre autres) viennent gonfler le PIB ! Pensons seulement à Tchernobyl, à l'Exxon Valdez ou, plus près de nous, à l'incendie de pneus survenu à Saint-Basile-Legrand. Ces catastrophes ont en commun d'avoir injecté des millions dans l'économie tout en ne produisant que de la désolation. Ainsi, celles et ceux qui croient mesurer le bonheur avec le PIB devront repasser. Même l'indice de développement humain (IDH), élaboré par l'ONU et qui synthétise le PIB/habitant ainsi que des indicateurs d'espérance de vie et de niveau d'instruction, constitue une mesure imparfaite de la qualité de vie. Il ne tient pas compte des disparités selon le sexe, le groupe ethnique, la région, pas plus que des écarts entre riches et pauvres, des conditions de travail et de l'état de l'environnement.

Le pouvoir des indicateurs économiques

On aura également saisi que, par-delà leurs limites intrinsèques, les statistiques économiques sont utilisées et interprétées à toutes les sauces. On s'en sert fréquemment pour travestir la réalité, l'embellissant ou l'enlaidissant selon l'intention du moment. Dans la mesure où les indicateurs économiques exercent une influence croissante sur les décisions des agents, la question de leur fiabilité devient cruciale. Denis Chemillier-Gendreau[3] estime que, compte tenu de leurs impacts excessifs sur les prises de décision – notamment sur les marchés financiers –, la fiabilité des indicateurs laisse vraiment à désirer.

En outre, il est fréquent que la publication d'un indicateur entraîne un mouvement massif de capitaux, provoquant ainsi des variations importantes de taux d'intérêt ou de change. À cet égard, Chemillier-Gendreau prétend que c'est la sortie d'une donnée inexacte sur le commerce extérieur américain – ajoutée à l'incertitude qui planait quant à l'évolution des taux d'intérêt – qui provoqua le krach boursier en octobre 1987. Certains opérateurs inquiets commencèrent à se départir de leurs titres, puis le mouvement fut brusquement amplifié par les *trading programs* informatiques qui déclenchent automatiquement la vente dès qu'un titre descend en deçà d'un seuil prédéterminé. Une véritable cascade d'ordres de vente entraîna une chute vertigineuse des cours qui fut freinée de justesse par les autorités boursières avant que le tout dégénère en catastrophe.

En plus des marchés qui réagissent aux publications d'indicateurs économics, les gouvernements s'en servent abondamment dans le processus d'élaboration de leur politique économique. Il suffit que tel ou tel indicateur rate le coche, envoyant ainsi un signal erroné au décideur, pour que ce dernier se fourvoie. On prendra ici pour exemple le recours croissant, dans les pays industrialisés, à la politique monétaire comme instrument de régulation économique. Que survienne la publication d'un mauvais indice des prix ou que nos décideurs exagèrent quant aux effets néfastes d'un niveau donné d'inflation et cela les autorisera à appliquer une médecine de cheval. La récession *made in Canada* de 1990, provoquée de toutes pièces par un gouvernement conservateur littéralement obsédé par l'inflation, et qui s'entêta à maintenir les taux d'intérêt à des niveaux exorbitants, illustre bien la place démesurée qu'occupent certaines statistiques dans la caboche de nos dirigeants. Les yeux rivés sur le cadran de l'inflation, le gouverneur de la Banque du Canada de l'époque n'hésita pas, pour le plaisir de voir l'aiguille descendre progressivement à zéro, à terrasser l'économie avec une rare violence.

Et vive la mystification !

L'ascendant qu'exercent les indicateurs économiques se transforme parfois en pure mystification. Je reviens ici sur les cotes de la Bourse – T.S.E., XXM ou Dow Jones peu importe – qu'on nous présente quotidiennement au téléjournal. Voulez-vous bien me dire à quoi ça sert ? Mon collègue économiste Pierre Beaulne[4] a sa petite théorie là-dessus. Après avoir longuement analysé le tout, il a conclu que la SRC avait trouvé ce moyen astucieux pour aménager une pause permettant à Simon Durivage et à Bernard Derome de prendre une gorgée d'eau ! J'avoue que je n'y avais pas pensé.

Comme le souligne avec justesse Beaulne, les cotes boursières ne sont d'aucune utilité pour la très grande majorité des gens puisque leur épargne est surtout constituée d'obligations, de REÉR et autres régimes de retraite. Alors qu'en est-il pour la minorité de spéculateurs ou d'investisseurs ? Les indices boursiers étant des indices composites, ils ne nous informent aucunement sur l'évolution de chacun des nombreux secteurs du marché boursier et encore moins sur celle des centaines de titres cotés. Tout ce qu'ils indiquent, c'est l'évolution générale du marché par rapport à la journée précédente. La belle affaire ! Pour Beaulne, « il est clair par conséquent que le contenu informatif est à peu près nul en ce qui a trait spécifiquement au marché boursier, tant pour les connaisseurs que pour les profanes».

Si au moins la Bourse constituait un baromètre de l'économie, ce serait un demi-mal. Hélas! tel n'est pas le cas. Avec la multiplication des opérations de change, le gonflement des activités boursières et financières, les spéculations permanentes, le jeu de yoyo avec les taux d'intérêt et les taux de change, la sphère monétaire et financière grossit et s'autonomise par rapport à l'économie réelle. L'économiste français Michel Beaud rappelait à cet égard que, à l'époque de Keynes, les échanges sur les marchés monétaires, financiers et boursiers représentaient 2 fois les échanges de marchandises alors que, de nos jours, ils font 50 fois leur valeur! Lors du krach de 1987, les spécialistes furent unanimes à prédire une récession mondiale mais ce pronostic ne s'est pas réalisé, l'économie poursuivant sur sa lancée jusqu'au début des années 90. Inversement, avant cet épisode, les Bourses avaient connu plusieurs années de vaches grasses pendant que l'économie mondiale stagnait. À propos de 1994, *La Presse* faisait état dans son édition du 29 décembre 1994 d'une année record pour la Bourse de Montréal. Pouvait-on en dire autant de l'économie québécoise? On pourrait multiplier les exemples de déconnexion entre la Bourse et l'économie réelle. Les phases de concordance ne constituent guère la règle. Concernant les motivations des boursiers, Daniel Temam fait remarquer :

> Ce n'est pas la spéculation intellectuelle sur l'évolution économique qui les intéresse, mais la spéculation tout court. Ils sont là dans un but précis : gagner de l'argent, pour eux ou pour les fonds de placement qu'ils gèrent[5].

Par conséquent, si tout le monde prévoit une montée des cours, il faut acheter, peu importe que la situation objective de l'économie se présente sous un ciel plus ou moins favorable. Le mimétisme devient le comportement dominant. Bref, l'opérateur boursier se préoccupe surtout de ce que pensent ses collègues mais, comme dans un western, c'est à qui dégainera le plus vite. Les marchés financiers obéissent donc à leur propre logique qui n'a pas grand-chose à voir avec la dynamique de l'économie réelle.

Les horoscopes économiques

À chaque fin d'année lorsque je tombe sur la page « Boules de cristal » de *La Presse,* où un panel de prévisionnistes triés sur le volet y vont de leurs dernières élucubrations, je ne peux m'empêcher de penser à Jojo, cette blonde astrologue singulièrement kitsch qui nous harcèle continuellement au petit écran. Cela produit chez moi le même désordre intérieur. S'ensuivent de légers tremblements qui me secouent de haut en bas. Finalement, j'arrive à me ressaisir en prenant deux ou trois grandes respirations et en criant trois fois plutôt qu'une : «C'est pas possible!» En décembre 1994, le quintette de devins choisis par le quotidien de la rue Saint-Jacques était formé de Benoît Durocher (Banque Royale), Maurice Marchon (HÉC), Robert Normand (Caisses Desjardins), Yves Rabeau (UQAM) et Dominique Vachon (Banque Nationale). Et Maurice Jannard (*La Presse*), fidèle à son habitude annuelle, a laissé nos météorologues de l'économie divaguer sur ce que 1995 nous réserverait.

Allons-y avec notre première boule de cristal. «Ça va être une année remplie d'incertitudes (*sic*). Le redressement des finances publiques risque de créer des difficultés sociales (*resic*)[6].» Elle est de Robert Normand. Je ne sais pas s'il a trouvé ça tout seul ou avec un super-modèle économétrique sophistiqué mais, chose certaine, avec des prévisions semblables, plus besoin de diseuses de bonne aventure! Ne reculant devant rien, Dominique Vachon à son tour plonge : «C'est un retour à la réalité. Les taux d'intérêt demeurent élevés et la devise canadienne reste faible.» C'est pas génial ça, mes amis? Quant au professeur Rabeau, on le félicite pour sa trouvaille de l'année. Le plus sérieusement du monde, il nous annonce que le référendum créera de l'incertitude en 1995! Si prévoir, c'est avant tout se compromettre, le moins qu'on puisse dire, c'est que nos champions de la cartomancie économique affichent une prudence de serpent.

Cela se comprend aisément. Leurs prévisions sont faites à partir de modèles mathématiques qui tentent de décrire, à l'aide d'une multitude d'équations interreliées, les phénomènes économiques courants. Malheureusement, leur complexité n'a d'égal que le côté décevant des résultats qu'ils génèrent.

> Incontestablement, écrit Bernard Maris, plus un modèle est gros, plus il est sot. Et plus on lui ajoute des kilos d'équations, de variables exogènes, endogènes, stochastiques ou non, plus il commet de sottises[7].

Pour fonctionner, ces modèles ont besoin de données dites exogènes concernant notamment l'environnement extérieur. Selon les valeurs retenues pour ces variables exogènes, les résultats obtenus en bout de piste peuvent varier sensiblement. C'est, comme on dit en anglais, *garbage in, garbage out*. Avec la mondialisation de l'économie, il n'est plus possible de traiter l'environnement extérieur comme exogène car l'influence des économies étrangères est devenue déterminante sur celle de notre économie. De plus, les comportements des agents économiques se modifiant rapidement dans le temps, il devient hasardeux de prévoir l'avenir sur la base des évolutions passées. Résultat : comme le souligne Daniel Temam, l'étoile des modèles a pâli[8]. Avec un taux de succès qui tourne autour de 50 %, une tendance quasi systématique à prédire un avenir trop rose et une incapacité chronique à prévoir les retournements de conjoncture, ces outils ont perdu des plumes et les prévisionnistes ont vu leur crédibilité s'effriter.

Cherchez l'erreur

1. Combien dénombre-t-on d'économistes à la Banque mondiale, au Fonds monétaire international et à l'OCDE ?

Réponse : Plusieurs milliers.

2. Combien d'entre eux avaient prévu la grave crise financière qui a secoué le Mexique en février 1995 et dont l'onde de choc s'est fait sentir jusque chez nous ?

Réponse : Aucun.

3. À quoi servent-ils alors ?

Envoyez votre réponse aux Éditions du Boréal.

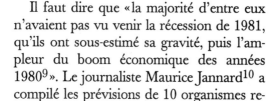

Il faut dire que « la majorité d'entre eux n'avaient pas vu venir la récession de 1981, qu'ils ont sous-estimé sa gravité, puis l'ampleur du boom économique des années 1980[9] ». Le journaliste Maurice Jannard[10] a compilé les prévisions de 10 organismes reconnus portant sur 3 variables macro-

économiques : le produit intérieur brut
(PIB), l'indice des prix à la consommation
(IPC) et le taux de chômage. Il les a com-
parées avec les données réelles observées en
1992 et en 1993. Les résultats reproduits
dans le tableau de la page suivante sont
franchement gênants. En 1992, tous les
organismes sans exception ont surestimé, et
de loin, la croissance économique ainsi que
l'inflation. Ils ont par ailleurs tous sous-
estimé le chômage. Bien qu'en 1993 leur
performance ait été moins désolante, les
erreurs de tir n'en demeuraient pas moins
significatives. Mais ces erreurs sont modes-
tes comparativement à celles qu'enregistrent
les économistes de nos ministères des Finances dont les prévisions paraissent risi-
bles. Quoi qu'il en soit, peu importe que les
économistes demeurent incapables de s'entendre sur ce qui va se passer dans un hori-
zon de quelques mois et peu importe le caractère foncièrement impressionniste de
leurs prévisions, il se trouvera toujours des
irréductibles comme nos «Boules de cristal»
pour défendre avec un acharnement peu
commun leur business. Une industrie où
l'erreur et le mensonge paient...

La prévision et la réalité

Prévisions des institutions	1992			1993		
	PIB	Inflation	Chômage	PIB	Inflation	Chômage
Banque Nationale	2,5	3,2	11,6	3,4	2,1	12,3
Mouv. Desjardins	3,1	3,2	11,6	3,4	2,4	12,7
Caisse de dépôt	3,6	2,6	11,7	3,5	1,8	12,5
Conference Board	4,3	3,8	11,2	2,9	2,6	12,7
HÉC	3,6	2,5	11,5	3,3	2,0	12,9
UQAM	2,5	3,5	11,3	3,0	2,8	12,8
Banque de Mtl	2,1	2,8	12,6	3,2	1,3	13,0
Banque Royale	3,0	3,5	12,1	3,5	2,6	11,5
Banque Scotia	2,3	3,3	11,8	2,3	2,0	12,8
Montréal Trust	3,5	3,0	11,7	3,0	2,2	13,0
Prévision moyenne des institutions	**3,1**	**3,1**	**11,7**	**3,2**	**2,2**	**12,6**
RÉALITÉ	**0,7**	**1,5**	**12,8**	**2,6**	**1,8**	**13,1**

Source : *La Presse*, édition du 11 décembre 1993, p. C1.

3

Productivité, compétitivité, croissance : triade de l'intégrisme économique

La réussite en économie, comme dans les sciences, les arts, les sports ou la vie familiale, dépend d'un sain équilibre entre les forces de compétition et de coopération, un peu comme le yin et le yang.

PIERRE FORTIN.

L e très bon film *L'Âge de la performance* de Carole Poliquin commence avec la révélation d'une femme de ménage de grandes surfaces. Elle explique qu'à ses débuts dans le métier, il y a dix-sept ans, elle devait nettoyer 3 000 pieds carrés par heure alors qu'aujourd'hui on lui en demande 6 000. On veut bien croire qu'en 1995 les aspirateurs aspirent mieux, mais ils ne se déplacent quand même pas tout seuls ! Cette femme de ménage nous résume en une phrase ce qu'est la productivité. Tout comme cet éleveur de poulets fier de nous dire devant la caméra que les poules d'aujourd'hui pondent jusqu'à 300 œufs par année alors que leurs grand-mères des années 50 n'en pondaient que la moitié. Il est moins fier toutefois de nous avouer que certains de ses poulets meurent du syndrome de mort subite provoqué par le stress des élevages intensifs, les aliments trop énergétiques et une génétique altérée.

La réalisatrice nous amène ensuite à Tōkyō, où se tient une manifestation d'une association de familles victimes du *karoshi,* cet accident cérébro-vasculaire qui tue chaque année (comme nos poulets) des milliers d'hommes japonais en proie au surmenage. Ça, c'est l'envers du miracle japonais, celui que nos commentateurs et économistes, chantres de la productivité, continuent de passer sous silence.

Requiem pour une productivité accrue

Quotidiennement, nos apôtres d'un capitalisme sans entraves chantent. Qu'ils soient économistes, politiciens ou hommes d'affaires, ils font partie de cette grande chorale qui entonne sans cesse les mêmes litanies : productivité, compétitivité, croissance. La théorie économique nous dit que l'augmentation de la productivité ne crée pas de chômage sur de longues périodes. Difficile à croire par les temps qui courent. Dans un article intitulé «La diabolique logique de la productivité[1]», Frédéric F. Clairmont nous montre comment en Occident cette quête hystérique d'une productivité accrue s'accommode très bien du chômage massif et de la stagnation des salaires. Ainsi, on dénombre en 1995 plus de 20 millions de chômeurs en Europe, 7,4 millions aux États-Unis et 1,4 million au Canada, pendant que la croissance des salaires demeure partout en deçà des gains de productivité. Au cours des dix dernières années, les 500 plus grosses entreprises mondiales ont licencié 400 000 salariés par an en moyenne, malgré une forte croissance de leurs profits. Période de vaches maigres certes mais pas pour tout le monde. Comme le rapportent Clairmont et Cavanagh[2], pendant ce temps, chacun des associés de la société de courtage Goldman Sachs recevait une prime de 5 millions de dollars. À Wall Street, on a même vu le cours de l'action de Xerox bondir de 9 % lorsque l'entreprise a annoncé le licenciement de 10 000 employés! Or, s'il est vrai que le progrès technologique et la restructuration accroissent la productivité, ils réduisent en revanche la main-d'œuvre nécessaire et les consommateurs potentiels, grevant ainsi l'écoulement de la production.

Pour Clairmont, «prétendre qu'une augmentation de la productivité est la clé de la reprise, c'est tout simplement oublier que la production industrielle globale n'en est qu'à 65 %-70 % de sa capacité». Or, la surproduction, ce mal chronique du système capitaliste, n'est rien d'autre que l'insuffisance de la consommation. Comment ne pas voir là des germes d'autodestruction, lorsqu'on constate que, sans nouveau mécanisme global de redistribution de la richesse, l'élimination massive du travail entraîne inévitablement une contraction du marché?

Qu'à cela ne tienne, cette course effrénée à la réduction des coûts doit se poursuivre à tout prix. Et les salariés sont toujours les premiers sur la ligne de feu car, dans le débat sur la productivité, le discours dominant concentre de façon insidieuse les enjeux autour de l'abaissement du coût du travail qui devient l'expédient préféré d'entrepreneurs spécialisés dans la gestion à courte vue. Ces derniers pratiquent le *downsizing,* sorte de cure d'amaigrissement débridée semblable aux diètes miraculeuses des charlatans. Pourtant, comme le soulignent avec beaucoup d'à-propos Rioux et Poole, «la main-d'œuvre représente moins de la moitié des coûts d'exploitation d'une entreprise moyenne. Exclure tous les autres ingrédients du processus de production dans l'évaluation de la productivité revient à évaluer un étudiant sur sa seule performance aux cours du matin en supposant qu'elle a été la même à tous les autres cours[3]». Or, une analyse se limitant à la seule productivité de la main-d'œuvre est trompeuse. Cette productivité peut augmenter pour des raisons qui n'ont rien à voir avec l'efficacité inhérente des travailleurs. Par exemple, la direction d'une entreprise peut investir beaucoup dans de nouvelles machines, accroître la production et améliorer du même coup la productivité de la main-d'œuvre. Inversement, cette productivité peut décroître sans qu'on puisse montrer du doigt les travailleurs. D'ailleurs, certains prétendent que, avec les formes actuelles d'organisation du travail, les employés ne sont responsables que de 15% à 20% de la productivité de l'entreprise.

Les achats, la planification et l'organisation du travail, l'agencement physique du lieu de travail, les équipements, les méthodes de travail, les procédures et le processus administratif influencent la productivité dans une proportion de 80 % à 85 %. Et ce sont là des facteurs sur lesquels les employés n'ont aucun contrôle[4], peut-on lire dans un cahier spécial des *Affaires*.

Pourtant, nombre d'entrepreneurs continuent de licencier impunément en mesurant leur productivité avec le ratio «chiffre d'affaires/effectif» alors que le bon sens économique la définit plutôt comme le rapport «production/ressources mises en œuvre». En s'acharnant à vouloir accroître le chiffre d'affaires ou à réduire les effectifs, ces entrepreneurs risquent de voir se dégrader le capital de savoir-faire, la motivation du personnel, la compétitivité des produits, les parts de marché, la rentabilité des capitaux investis et évidemment... l'emploi[5]. Voilà un exemple de conduite qui non seulement ne profite pas trop à l'entreprise, mais qui s'avère désastreuse pour l'économie. Et on s'étonnera ensuite d'assister à une croissance sans emploi...

La compétitivité : une dangereuse obsession

Ainsi, la logique productiviste nous enfonce un peu plus loin chaque jour dans un couloir qui rétrécit et se termine en cul-de-sac. Pourquoi être plus productifs ? Mais pour être plus compétitifs voyons ! En vertu de ce raisonnement, la course de rats dans laquelle sont engagés les pays pour s'arracher des parts de marché nous est présentée comme une condition essentielle à la création d'emplois et à l'augmentation de notre richesse (et donc de notre bonheur). La remise en cause des avantages sociaux des salariés se voit donc légitimée par un autre sophisme économique dont seuls les néolibéraux ont le secret. Car dans les faits, on assiste plutôt à un nivellement par le bas des conditions de vie de larges segments de la main-d'œuvre.

Il faut réaliser que, dans l'ensemble des économies industrialisées, 350 millions de personnes travaillent actuellement à un salaire horaire moyen de 18 $US mais que, parallèlement, plus de 1,2 milliard d'ouvriers russes, chinois, indiens ou mexicains gagnent 2 $ dollars et parfois 1 $ de l'heure[6]. Vous avez une job ? Vous voulez la garder ? Alors n'en demandez pas plus sinon votre employeur brandira le spectre de la fermeture ou de la délocalisation pour vous inciter à un peu plus de magnanimité. Et vive la mondialisation !

En passant, pas besoin d'aller au bout du monde pour constater les effets de cette fameuse mondialisation. Un jour, le président de MIL-Davie, Guy Véronneau, avertit ses employés du chantier maritime qu'ils devront doubler leur productivité et accepter une réduction de salaire de 15 %, sans quoi il menace de fermer le chantier. Le lendemain, Paul Tellier, PDG du CN, annonce 10 000 mises à pied en trois ans par souci d'efficacité. Le surlendemain, c'est Guy Saint-Pierre, président de SNC-Lavallin inc., qui, dans un colloque international sur la compétitivité, accuse l'État de freiner la compétitivité du secteur privé. Celui-là et plusieurs de ses amis ont un culot incroyable. Quand on sait jusqu'à quel point notre cher secteur privé se fait dorloter par les gouvernements, une subvention par-ci, une concession fiscale par-là, il y a quelque chose d'indécent à entendre constamment ces chers héros du Québec inc. accuser l'État afin de masquer leur propre incurie. Des dizaines d'études et de rapports ont souligné l'indolence des entreprises canadiennes et québécoises en matière de recherche et développement et de formation de la main-d'œuvre, sans doute les deux ingrédients les plus importants pour qui aspire à gagner coûte que coûte en cette ère de mondialisation. Or, enterrés sous une montagne de subventions et de concessions fiscales parmi les plus généreuses au monde, nos petits barons du Québec inc. trouvent encore le moyen de se lamenter. Ils veulent bien être compétitifs mais à condition que ça ne leur coûte pas trop cher.

Mais élargissons la perspective quelque peu. Comment ne pas s'étonner de ce fol engouement pour la compétitivité? Avec une belle unanimité, tous se prosternent devant le veau d'or. Patronat, syndicats, gouvernements, économistes et journalistes nous claironnent à l'unisson qu'il nous faut devenir plus compétitifs sans quoi nous sommes foutus. On nous martèle le même discours sans cesse, on nous assomme avec des scénarios apocalyptiques si on ne prend pas le virage. Mais que peut-on attendre de cette sacro-sainte compétitivité? Au fond, comme le dit Albert Jacquard, entrer en compétition n'a de sens que lorsqu'on veut gagner. Et pour cela, il faut fabriquer des perdants, donc des exclus. En exacerbant les antagonismes, cette religion de la compétitivité vient consacrer la présence des perdants au sein de nos sociétés. Sans compter les conséquences catastrophiques qu'entraîne un tel modèle de développement sur l'environnement et les ressources non renouvelables. Mais gare à ceux qui remettent en cause le dogme! Ce sont de vilains écolos ou encore des gauchistes nostalgiques.

Quoi qu'il en soit, l'expression «guerre économique», qui revient sur toutes les lèvres pour décrire la situation ambiante, prend ici tout son sens. Pour Riccardo Petrella, «on retrouve ainsi, pratiqué de manière de plus en plus sophistiquée, cet évangile de la compétitivité dont le culte est devenu quasi universel[7]». Et la dynamique est la même partout: il faut libérer les forces du marché. À cette fin, on déploie toujours la même batterie de moyens: privatisations, déréglementation, libéralisation des échanges, réduction du rôle de l'État, flexibilité de l'emploi, etc.

Le Groupe de Lisbonne et
Limites à la compétitivité [8]

Extrait d'une entrevue avec M. Daniel Latouche, membre du Groupe de Lisbonne, parue dans *Voir* en mars 1995

Actuellement, on observe une dérive particulièrement inquiétante. Il y a vingt ans, on parlait des pays développés et des pays sous-développés. Là, on est rendu qu'on parle des pays compétitifs et des pays non compétitifs et, moi, je m'attends à ce que, bientôt, on commence à parler des pays en voie de compétitivité. Le développement, ça voulait dire que tout le monde espérait progresser, ça impliquait un résultat, alors que la compétitivité, ça veut juste dire que vous êtes gagnant et les autres perdants et ça c'est une dérive importante. Notre collectif n'est pas contre la compétition en soi mais de là à dire qu'elle est le principe moteur mondial et qu'il faut suivre les directives qui sortent de l'indice de compétitivité à chaque année, bien là ça ne marche plus. Car l'obsession de la compétitivité et de la concurrence est intolérante pour toute autre notion qui pourrait aussi contribuer à l'organisation de la planète, que ce soit la démocratie, la justice, à la limite, même l'efficacité. S'il y a juste la compétitivité, ce n'est même plus efficace parce que, si vous détruisez vos principaux adversaires, bien ils ne seront plus là pour vous aiguillonner.

La compétitivité a cessé d'être un moyen pour devenir une fin. J'appelle ça «l'ultra-compétitivité». Cela devient une idéologie, un credo, universel qui est très différent des autres credos universels qu'on a déjà eus. Par définition, la compétitivité ne laisse pas de place, est intolérante. Il faut être les meilleurs. Or, on ne peut pas être les meilleurs s'il n'y en a pas des moins bons. Nous pensons que c'est très dangereux parce qu'il s'agit d'une idéologie extrémiste et tellement englobante. J'écoutais le ministre Martin récemment et j'en avais des frissons dans le dos parce qu'il nous disait : *« Il faut mettre au service de la compétitivité du Canada nos instruments de protection sociale. »* Je me suis dit : je rêve ou quoi ? Il est en train de nous dire que notre système d'éducation et nos programmes sociaux ne devraient avoir pas pour fonction première d'assurer une meilleure justice sociale mais d'améliorer notre compétitivité ! Faut le faire ! On ne devrait continuer à aider les plus pauvres que dans la mesure où ça ne nuit pas à la sacro-sainte compétitivité. Fini, les principes de justice et de solidarité sociale ! Si jamais un jour ce n'est plus rentable d'aider les pauvres, qu'est-ce qu'on va faire ? On va les tuer ?

Il est certain que si, dans une économie, les gens sont payés à des salaires raisonnables, qu'ils ont la chance d'aller à l'école, d'avoir des loisirs, etc., cela coûte plus cher que dans une économie où il n'y a rien de cela. Or, il nous semble que c'est précisément la fonction première d'une économie que d'assurer la sécurité économique et le bien-être des citoyens. Bien sûr, ça se paie mais nous croyons que c'est là le but de toute l'affaire. De dire que le résultat, l'objectif est devenu un obstacle et que, comme on n'est pas capable de l'atteindre, on l'élimine, c'est comme l'étudiant qui dit : bien on élimine l'examen parce que, à chaque fois que je passe l'examen, je coule ! Il y a donc un côté ridicule à tout mettre sur le dos de l'État-providence. C'est comme dire : la vie cause la mort !

Le jugement du Groupe de Lisbonne – un groupe international de travail qui a en quelque sorte succédé au défunt Club de Rome – sur cette course à la compétition est sans appel : elle mène le monde à la ruine. De passage à Montréal en octobre 1994, son président soulignait la déconnexion entre la croissance économique observée de 1960 à 1990 et l'évolution des conditions de vie à l'échelle mondiale. La richesse du monde a quintuplé, mais on dénombre 600 millions de pauvres en plus. En définissant ces derniers comme ceux qui gagnent moins de 1 $ par jour, on en compte maintenant 1,4 milliard dans le monde, déclarait-il. Pendant ce temps, on a trouvé la modique somme de 370 milliards de dollars pour mettre sur pied l'autoroute de l'information, le dernier-né des gadgets occidentaux, qui nous propulsera tous dans l'ère de la réalité virtuelle. Enfin, ceux qui en auront les moyens. Car si l'on en croit certains experts, la perspective que ladite autoroute se transforme rapidement en un gigantesque supermarché de l'information totalement soumis aux lois du marché se profile nettement[9]. Et puis, doit-on souligner que 3 milliards d'individus n'ont jamais utilisé un téléphone…

❖

LE *TOP TEN* DE LA COMPÉTITIVITÉ*	LE *TOP TEN* DE LA QUALITÉ DE VIE**
1. États-Unis	1. Canada (16)
2. Singapour (43)	2. Suisse
3. Japon	3. Japon
4. Hong-kong (24)	4. Suède
5. Allemagne (11)	5. Norvège (11)
6. Suisse	6. France (13)
7. Danemark (15)	7. Australie (15)
8. Pays-bas	8. États-Unis
9. Nouvelle-Zélande (18)	9. Pays-Bas
10. Suède	10. Royaume-Uni (14)

Note : Les chiffres entre parenthèses indiquent le rang du pays dans l'autre *Top ten*.

* Classement de l'année 1994

** Classement du *Rapport mondial sur le développement humain* de 1994.

Sources : Institut du développement de la gestion ; *Rapport annuel sur la compétitivité mondiale,* Programme des Nations Unies pour le développement ; *Rapport mondial sur le développement humain,* édition 1994.

Chaque année, une organisation suisse, l'Institut de développement des sciences de la gestion, publie une sorte de palmarès de la compétitivité. De son côté, l'Organisation des Nations Unies fait de même avec le développement humain. Le tableau ci-dessus montre qu'un pays peut être compétitif (colonne de gauche) sans pour autant afficher une bonne performance au chapitre du développement humain, qui prend en compte la santé, l'éducation et le revenu par habitant (colonne de droite). Par exemple, Singapour, deuxième pays le plus compétitif, se classe au quarante-troisième rang en matière de développement humain. À l'inverse, le Canada, premier pays du monde selon la colonne de droite, ne figure même pas dans le *Top ten* à gauche. Si l'équation « compétitivité = croissance économique = qualité de vie » se vérifie prochainement, on devrait donc s'attendre à une grande vague d'émigration canadienne vers Singapour et Hongkong d'ici une dizaine d'années. Pariez là-dessus si vous y croyez. Moi je vous gage plutôt un cinq qu'on parlera tous chinois avant que cela se produise...

Mirage numéro un : la croissance réduit les inégalités

En tournant la couverture du *Rapport mondial sur le développement humain,* on tombe sur un graphique qui résume presque à lui seul les 225 pages d'explications, d'analyses et de tableaux qui suivent. Ce graphique, qui illustre la répartition du revenu mondial, fait ressortir que les 20 % les plus riches parmi la population du globe accaparent environ 83 % du revenu total, tandis que la tranche composée des 20 % les plus pauvres doit vivoter avec 1,4 % de ce même revenu total. Refermons le *Rapport*. Même si, à première vue, cela peut paraître paradoxal, il devient difficile dans les circonstances de contester le fait que la croissance économique fabrique de nos jours de plus en plus d'exclus. On a longtemps cru qu'il suffirait de produire davantage pour que, progressivement, la misère s'estompe. Mais nous demeurons très loin du compte. Pendant que, dans les pays du Sud, l'indigence extrême demeure la règle pour la majorité, la pauvreté demeure solidement ancrée dans les pays riches. Pis, elle s'étend même après plusieurs décennies de croissance quasi ininterrompue[10]. Or, la croissance possède sa propre dynamique qui ne saurait être confondue avec celle qui anime des notions éminemment plus complexes que le développement ou le bien-être. La croissance économique, condition nécessaire et suffisante du progrès humain ? Seuls quelques illuminés y croient encore.

Quelle est la différence entre la Tanzanie et Goldman Sachs?

«L'un est un pays africain qui gagne 2,2 milliards de dollars par an et les partage entre ses 25 millions d'habitants. L'autre est une banque d'investissement qui gagne 2,6 milliards de dollars et en distribue l'essentiel à 161 personnes.»

The Guardian, 10 décembre 1993.

Chez nous, on rabâche jusqu'à l'assourdissement qu'«il faut créer la richesse avant de la distribuer». Comme cliché éculé, on trouve difficilement mieux. Sortant de la bouche d'un politicien ou d'un Ghislain Dufour, cette petite phrase-choc, souvent livrée sur un ton cinglant, coupe habituellement court à la discussion. L'interlocuteur, qu'il soit interviewer, animateur ou simple invité reste généralement bouche bée. En effet, que voulez-vous répondre à celui qui vous lance une telle évidence? C'est comme énoncer l'équation triviale: «zéro divisé par n'importe quoi égale zéro». Quoique irréfutable, voilà bien le genre de raisonnement pernicieux dont nous gavent continuellement tous ces bien-pensants aveuglés par le libéralisme. Insidieusement, on nous laisse croire que production de richesse collective (croissance économique) et réduction des inégalités vont nécessairement de pair, laissant ainsi miroiter un lien causal entre la

croissance et le bien-être. On braque les projecteurs sur la dimension «production»
pour mieux occulter la dimension «répartition».

Selon une mythologie savamment entretenue par les économistes libéraux,
la croissance réduirait les inégalités.
Cet argument, permettant de reporter
à plus tard toute revendication redis-
tributive, est une escroquerie intellec-
tuelle sans fondement[11].

Répartition du revenu total au Canada en % de 1951 à 1991			
	1951	1971	1991
Quintile inférieur	4,4	3,6	4,7
Deuxième quintile	11,2	10,6	10,3
Troisième quintile	18,3	17,6	16,6
Quatrième quintile	23,3	24,9	24,7
Quintile supérieur	42,8	43,3	43,8
Total	**100,0**	**100,0**	**100,0**

Source : Statistique Canada, catalogue 13-207.

Prenons, par exemple, le Canada. Trois
décennies de croissance continue – les
Trente Glorieuses – n'ont pas modifié significativement une distribution des revenus
qui demeure fortement polarisée (voir
tableau ci-dessus). Et rappelons qu'à l'époque il s'en créait, des emplois, et les programmes sociaux étaient encore à la mode.

Mirage numéro deux : la croissance est la clé de l'emploi

Or, devant la montée du chômage et de la pauvreté, dont les ravages font tache d'huile depuis maintenant une bonne quinzaine d'années, que nous disent tous les organismes internationaux et nationaux, tous les partis politiques, tous les commentateurs, penseurs et spécialistes ? Qu'il faut créer des emplois stables. Eh oui ! N'ajustez pas votre appareil, vous avez bien compris. Alors bonne chance ! Pour l'Afrique, les Amériques et l'Asie réunies, on estimait en 1991 que, au cours de la décennie à venir, la création de 1 milliard d'emplois permettrait de stabiliser le chômage au niveau « raisonnable » de 800 millions d'individus[12]. Voilà qui donne à réfléchir pour les chevaliers du plein-emploi. Et comme dirait l'autre, j'espère que les investisseurs ne seront pas trop nerveux, sans quoi les perspectives pourraient s'avérer plus sombres.

Dans de nombreuses régions du monde, la création d'emplois ne suit plus le rythme de l'augmentation de la production. On est rendu au point où le taux de chômage augmente même au Japon et en Suède, du jamais vu. La coupure entre les stratégies de compétitivité et celles de création d'emplois semble désormais irréversible.

Croissance économique et croissance de l'emploi dans les pays du G7 (1983-1993)		
Variation annuelle moyenne en %		
	PIB	Emploi
États-Unis	2,8	1,7
Japon	3,7	1,2
Allemagne	2,7	0,7
France	2,1	0,2
Italie	2,2	0
Royaume-Uni	2,2	0,5
Canada	2,7	1,5

Source: OCDE, *Perspectives économiques*, n° 55, juin 1994.

En dix ans, aucun des pays du G7 n'est parvenu à maintenir un rythme de croissance de l'emploi voisin de celui de sa production (voir tableau ci-dessus) et, de toute évidence, il s'agit d'une tendance lourde qui s'inscrit dans le sillage de l'automatisation, mais qu'amplifieront les stratégies de «dégraissage» des entreprises et des États.

Au Québec, le taux de chômage officiel avoisine les 12 % mais, en réalité, il se situe sans doute au-dessus de 20 % lorsqu'on comptabilise tous les exclus des statistiques. Bien sûr, la récession de 1990 a fait très mal, mais il y a plus. La restructuration évoquée précédemment fait son œuvre. Une forte proportion de ces pertes d'emplois est donc définitive car elle survient soit en contexte de fermeture d'entreprises, ou à la suite d'une restructuration des opérations visant à accroître la productivité. Bien sûr, le secteur des services demeure riche en emplois potentiels, ce qui permettra dans les années à venir de compenser en partie l'érosion de l'emploi industriel. Mais la pénétration massive des nouvelles technologies dans certains services et la poursuite de la réduction des effectifs dans les services publics atténueront cet effet compensateur. Et puis, qui dit emploi dans les services dit souvent emploi précaire, sous-payé et qui ne donne aucun droit à une protection sociale minimale. Or, les gains nets d'emplois réalisés au cours des dernières années le furent surtout dans la catégorie des emplois précaires et rien ne semble vouloir inverser cette tendance.

Prenez un numéro s.v.p.

Pickering, Ontario, 9 janvier 1995. Environ 15 000 personnes font la queue dehors et se les gèlent joyeusement. Nombreux sont ceux qui ont passé la nuit là pour avoir une meilleure place. Un show de Metallica ? Non, ils sont trop vieux pour ça. Des Rolling Stones, alors ? Non plus. C'est simplement la compagnie GM qui a décidé de créer quelques centaines de postes. Tout de même assez *rock and roll* merci !

Bref, nous sommes rendus à l'époque où le divorce entre la croissance économique et la croissance de l'emploi semble consommé. Le droit au travail, pourtant officiellement reconnu à tous dans nombre de chartes, semble en voie de devenir un privilège.

Plusieurs estiment qu'une révolution du travail va s'imposer pour parvenir à un meilleur partage de l'emploi. On en parle déjà beaucoup en France et de plus en plus ici. Mais au-delà des mots et des slogans, que peut-on espérer de telles stratégies ? Les Français s'y sont essayés en 1982 avec des résultats plutôt mitigés. En réduisant la semaine de travail de une heure et en ajoutant une semaine de vacances par année pour tous, le gouvernement socialiste de l'époque est à peine parvenu à créer 100 000 emplois de plus en trois ans. Selon un responsable de l'INSEE – Institut national des statistiques et des études économiques –, la réduction de 4 % du temps de travail n'a accru que de 0,5 % le volume d'emplois. Comme on dénombre environ 3 millions d'emplois au Québec, la transposition du scénario français représenterait un gain maximal de 5 000 emplois par année. On est loin de la panacée. La plupart des études menées en Europe concluent d'ailleurs que la réduction graduelle des heures de travail et le partage des emplois ne peuvent pas diminuer significativement le taux de chômage.

Et puis il faudrait une vraie révolution culturelle pour qu'il y ait consensus sur un projet global de réduction du temps de travail. Les salariés et leurs syndicats refuseraient toute réduction équivalente du revenu et on les comprend. Ils veulent bien partager le travail mais non le chômage et la pauvreté. Quant aux patrons, avec Ghislain Dufour en tête, ils ne veulent guère entendre parler d'un allégement de la charge de travail sans réduction de salaire, de peur de voir leur compétitivité s'effriter. Et que font nos gouvernements entre-temps? Ils nous promettent de relancer l'emploi en stimulant la croissance économique!

Au menu: la croissance sans emploi (pays de l'OCDE) 1975 = 100

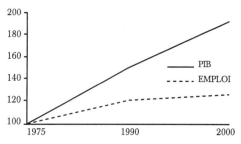

On l'aura compris, dans ce contexte de profonde mutation de l'économie et du marché du travail, les solutions préconisées par nos gouvernements pour relancer l'emploi ont l'allure de cataplasmes. Elles ne pourront aucunement empêcher des pans entiers de la population salariée de basculer dans le chômage, l'assistance et l'exclusion. La table est mise pour qu'on assiste à une période de croissance économique sans progression concomitante du pouvoir d'achat. Tout semble indiquer que nous entrons «cul pardessus tête» dans la société postsalariale depuis si longtemps annoncée mais qui n'a rien à voir avec l'idyllique société des loisirs. La crise de l'emploi sera certainement le principal enjeu social des vingt prochaines années. Et s'il est vrai comme le dit Philippe Delmas[13] que «les profits d'aujourd'hui créent bien les investissements de demain mais ne garantissent nullement les emplois d'après-demain», maintenir le cap sur la triade productivité-compétitivité-croissance de façon aveugle nous rapproche inexorablement du bord du précipice, jusqu'au jour où il ne nous restera qu'à faire un pas en avant!

4

La question nationale : un beau cas d'intoxication économique

Voilà que la querelle des marchands de tapis reprend de plus belle. D'un côté les fédéralistes qui affirment que l'indépendance va nous coûter une beurrée et de l'autre les souverainistes qui additionnent les pommes avec les oranges pour tenter de nous démontrer qu'elle va nous enrichir au-delà de toute espérance.

PIERRE BOURGAULT.

Au Québec, il n'existe probablement pas de symptôme plus visible du haut degré de «contamination économique» dont nous sommes atteints que la tournure qu'a prise le débat sur la question nationale québécoise. Dire que j'ai déjà cru qu'il y avait des considérations autres qu'économiques motivant ce débat. J'ai parfois des flashs et suis envahi par des réminiscences d'indépendance-révolution culturelle, d'indépendance-chanson poésie, d'indépendance-solidarité sociale. C'était en 1976 sur la montagne, je crois. Il me semble que ça fait trois cents ans. J'étais probablement trop vert pour saisir les véritables enjeux du débat ou, du moins, ceux qu'il faut absolument percevoir comme tels aujourd'hui. Pourtant, déjà on pouvait prévoir que les discussions portant sur l'avenir du Québec s'enfermeraient dans les vaines querelles comptables que l'on connaît depuis. N'avait-on pas déjà eu droit à l'époque à la «piasse à Lévesque», au «Budget de l'an 1» et au «coup de la Brinks»? Trêve de nostalgie.

Plus tard, au début des années 90, une étude du Conseil du patronat du Québec présentée devant la commission Bélanger-Campeau conclut que, tout compte fait, le Québec retirait 1 milliard de dollars de plus du fédéral que ce dernier lui versait chaque année. Cela fit dire à un loustic que, à 150 $ pour chaque Québécoise et Québécois, on ramenait le débat sur la souveraineté à quelques caisses de bière ou bien à six mois d'abonnement chez Vidéotron! Avouez que la question vaut la peine d'être posée. Un pays peut-il naître de deux colonnes de chiffres? Des deux côtés, fédéralistes et souverainistes cherchent à nous vendre leur pays comme des vendeurs de « chars » d'occasion. L'un trafique l'odomètre tandis que l'autre camoufle la rouille sous une peinture neuve. Mais les deux nous jurent que leur « minoune » est presque neuve et ils nous promettent garantie à vie ou argent remis.

La souveraineté dans l'entonnoir de l'économisme

Il y a déjà longtemps que les souverainistes sont embourbés dans le marécage économique, le terrain de prédilection des fédéralistes qui jubilent en voyant un débat portant originellement sur un projet global de société se rétrécir à sa stricte dimension économico-financière. Ça me fait toujours rigoler de voir les politiciens fédéralistes radoter sans cesse qu'il faut clore le débat constitutionnel au plus vite afin de s'occuper des « vraies » questions qui sont bien sûr les questions économiques. Lisent-ils les mêmes journaux que moi ? Captent-ils uniquement le canal D et le Réseau des Sports ? Si, au minimum, 90 % des discussions ne concernent pas les dossiers économiques, je suis sourd et aveugle.

Voilà plus de vingt ans que cela dure. À l'époque, les fédéralistes ont tendu un piège aux souverainistes et ceux-ci y ont sauté à pieds joints sans se rendre compte qu'ils s'enfermaient dans une dialectique boiteuse, qui ne pouvait que les détourner de leurs véritables objectifs. Quand on s'est mis à répondre au «combien ça va coûter?», on a commencé à réduire la cause de la souveraineté à une simple question de dollars et de cents et on a commencé à convaincre les gens qu'elle n'était plus rien d'autre qu'une grosse affaire de portefeuille plus ou moins rempli[1].

N'en déplaise à Pierre Bourgault, je trouve sa théorie du complot un peu sommaire. S'il est clair que le Parti québécois, principal véhicule du mouvement souverainiste depuis vingt-cinq ans, a décidé de mettre tous ses œufs dans le panier économique, à qui revient la faute? Était-ce vraiment de l'imprudence? Il arrive parfois que l'on tombe volontairement dans un piège en se disant qu'il nous faut combattre l'adversaire sur un terrain que l'on cherche à conquérir. Dès 1972, les leaders souverainistes ne manquaient pas une tribune pour discourir sur la monnaie ou le fardeau de la dette dans un Québec indépendant. Le PQ a décidé à l'époque de prendre le taureau par les cornes, d'investir le terrain économique, d'en faire son principal cheval de bataille, croyant ainsi maximiser ses chances de gains. Il s'est fait l'ardent défenseur de la «garde montante» – notre bourgeoisie locale – qui se cherchait laborieusement une niche dans la mer de gens d'affaires anglophones. À mon sens, cet engouement clairement affirmé reflétait aussi le fait que la préséance généralisée de l'économie l'avait gagné, que cette philosohie ne s'embarrassait plus des étiquettes fédéraliste et souverainiste, bref qu'elle traversait l'ensemble de la classe politique québécoise. D'ailleurs, en prenant le pouvoir sur le thème du «bon gouvernement» en 1976, le PQ concédait déjà que l'économie était devenue le noyau dur de sa stratégie qui visait principalement à rassurer la population face aux «bonshommes sept heures» qui s'agitaient fébrilement. Au cours des huit années du premier règne du Parti québécois, son discours et son action se sont progressivement mais irrémédiablement teintés d'un économisme qui n'avait rien à envier à celui du Parti libéral. S'inscrivant désormais dans la même mouvance, ils épousaient d'ailleurs des thèses quasi identiques sur les plans économique et social. Le rapprochement était tel que, mis à part la question nationale, les deux partis avaient l'air de jumeaux.

Aide-mémoire pour les moins de trente ans

Dix titres choisis :

• «Le fardeau de la dette dans un Québec souverain», *Le Devoir,* 19 octobre 1973.
• «Dette et monnaie dans un Québec souverain», *Le Devoir,* 23 octobre 1973.

• «Les priorités économiques d'un Québec indépendant», entrevue avec Jacques Parizeau, *Le Jour,* 13 novembre 1974.

• «Why the PQ shuns economic separation from rest of Canada», *Financial Times,* 13 décembre 1976.

• «Les scénarios de l'indépendance», *L'actualité,* février 1977.

• «Market union with Quebec "unworkable"», *The Toronto Star,* 7 février 1977.

• «PQ study to stress Ontario as partner of separate Quebec», *The Globe and Mail,* 24 mars 1977.

• «Un Québec indépendant aurait intérêt à maintenir l'union monétaire», *La Presse,* 22 avril 1977.

• «Obstacles to economic association», *The Montreal Star,* 7 mai 1977.

• «Even PQ is foggy on sovereignty-association meaning», *The Gazette,* 23 mai 1978.

De toute façon, mon propos n'est pas de faire ici le procès du PQ (il a déjà suffisamment d'ennemis), mais simplement de rappeler que l'égarement du projet souverainiste dans les méandres économico-financiers ne date pas d'hier et que, même si David (en l'occurrence le PQ) a décidé à tort ou à raison d'engager le combat avec Goliath (le PLQ, le fédéral, les autres provinces, la GRC, les multinationales, la CIA et leurs alliés...) sur ce terrain miné, la résultante est que, depuis, le débat sur l'indépendance du Québec s'est engouffré dans l'étroit couloir de l'obsession économique. Résultat: plus encore que la peur de l'indépendance ou du *statu quo,* bon nombre de Québécoises et de Québécois souffrent de claustrophobie à force d'être enfermés dans une logique aussi étriquée. Et puis il y a les éternels insécures qui veulent des garanties financières. Elle est bien bonne, celle-là. Il faut vraiment être fêlé pour s'imaginer qu'on fonde un pays comme on ouvre une salle de bowling. Or, le summum en la matière a été atteint par le Conseil québécois des gens d'affaires pour le Canada, dont les orientations mêlées de fédéralisme frileux et d'économisme primaire figurent dans un manifeste publié en février 1995. Ce manifeste, sorte de nouvelle version du petit catéchisme, reprend même la formulation du «Je crois en Dieu».

> Nous croyons à la force des grands ensembles. Nous croyons au Québec. Nous croyons au Canada. Nous croyons au Québec dans le Canada. Nous croyons au dynamisme des Québécois. Nous croyons en leur capacité d'initiative et en leur ingéniosité [...] Nous croyons à l'action complémentaire des deux ordres de gouvernements, à savoir le gouvernement provincial et le gouvernement fédéral. [...] Nous sommes contre l'indépendance du Québec[2].

Le président de cette secte fédéraliste, Pierre F. Côté, qui dirige le conseil de Celanese Canada croit même que le Parti québécois a la responsabilité de publier un plan d'affaires du Québec souverain parce que, dit-il, les gens d'affaires ont l'habitude de prendre leurs décisions en fonction de plans d'affaires ! Estimant que nos meilleurs ambassadeurs sont les produits québécois qu'on retrouve sur les tablettes des magasins à l'étranger (*sic*), il résume ainsi la philosophie du Conseil qui reflète largement celle de l'ensemble du monde des affaires.

Être indépendant pour nous, les gens d'affaires, c'est avoir un environnement concurrentiel[3].

Décidément, un autre groupe d'affaires dont les plombs ont sauté. Que peut-on ajouter sinon que ces gens-là sont littéralement hypnotisés par l'économie ? Évidemment, dans le monde économique et financier, les rangs souverainistes sont clairsemés, ce qui ne surprend guère. Mais, fait assez cocasse, pendant que les présidents des grandes banques ne manquent jamais une occasion pour nous mettre publiquement en garde contre les dangers de la SÉPARATION, Claude Béland, l'un des seuls dirigeants financiers prosouverainiste, piaffe d'impatience sur le banc des punitions parce que le Mouvement Desjardins ne veut pas s'aliéner la clientèle fédéraliste. On a donc bâillonné Monsieur Caisse pop à l'occasion du débat référendaire. *Money talks,* disent les Anglais. Et comment ! Ça me fait penser à Marc-André « Whopper » Coallier qui admettait publiquement comment son engagement à la présidence de la Commission des jeunes sur l'avenir du Québec n'aurait pas pesé lourd si Burger King avait menacé de le zapper. Lorsqu'on sait à quel point les motifs économiques agissent plus souvent qu'autrement comme des gaz paralysants dans ce débat, il y a un côté burlesque à voir de nombreux partisans de la souveraineté s'autovaporiser généreusement. Même Lucien Bouchard n'y échappait pas. Dans une entrevue accordée à l'émission *Question Period* du réseau CTV au lendemain de l'élection provinciale du 12 septembre 1994, il émit le diagnostic que la performance moins solide que prévue du PQ à ce scrutin s'expliquait par la volonté des Québécois de voir le gouvernement péquiste accorder la priorité à l'économie plutôt qu'au débat référendaire. En réalité, les Québécois en ont marre d'entendre parler d'économie. Donnez-leur seulement des jobs et vous verrez jusqu'à quel point ils ont hâte de passer à autre chose. Les politiciens souverainistes, comme leurs adversaires fédéralistes, sont complètement englués dans la mélasse économique et ce pour notre plus grand malheur.

Suffit-il de se comparer avec les autres pour se consoler ? En décembre 1994, j'étais en Norvège dans le cadre d'une mission du Forum pour l'emploi. Les Norvégiens venaient tout juste de voter contre leur adhésion à l'Union européenne par référendum, ce qui les isolait d'autant plus – théoriquement à tout le moins – que les Suédois, leurs puissants voisins, venaient eux, de voter oui. Or, devinez les motifs du refus norvégien ? Je vous le donne en mille : la peur de voir leur économie se détériorer en se fondant dans celle de l'Europe. Les Suédois, eux, ont pensé exactement le contraire en croyant que l'isolement leur créerait des difficultés économiques. Qui plus est, le vote fut très serré dans les deux pays. Ô paradoxe ! Voilà qui illustre que, par-delà les particularismes de chaque pays, la peur du désastre économique est souvent à la source d'une dialectique à géométrie variable quand vient le temps des grandes décisions. Elle peut justifier une chose et son contraire. Elle se fait tantôt carcan, tantôt aiguillon, mais elle hante toujours le décor.

La souveraineté par défaut

Les souverainistes pressés n'ont qu'à patienter. La politique budgétaire néolibérale du gouvernement fédéral joue en leur faveur. Le gouvernement fédéral va disparaître ! En effet, le budget Martin de février 1995 prévoyait des compressions nettes de 11,4 milliards de dollars en trois ans dans les dépenses de programmes (dépenses autres que le service de la dette). À ce rythme, en l'an 2024, le gouvernement fédéral sera réduit à un gros bureau de gestion de sa dette puisqu'il ne lui restera plus aucune autre activité à administrer ! Il paraît que tout vient à point à qui sait attendre...

Des études alarmistes ou «jovialistes»

J'ai parlé plus tôt dans ce livre du caractère éminemment subjectif des études économiques et de la partialité insufisamment notoire des économistes. Le débat sur l'indépendance du Québec illustre de façon éloquente cette observation. Chaque clan, fédéraliste et souverainiste, dispose d'une armée de docteurs en science économique qui produisent régulièrement des études toutes plus «scientifiques» les unes que les autres. Ces recherches «orientées» servent de munitions aux camps respectifs et sont livrées en pâture aux journalistes à des moments jugés stratégiques par les hautes instances des organisations. On atteint généralement le crescendo durant les campagnes électorales et référendaires où la surenchère se transforme inévitablement en guerre ouverte de chiffres. Or, a-t-on déjà vu une seule étude émanant du camp fédéraliste, ou encore d'économistes reconnus comme des sympathisants à la cause, parvenir à des conclusions nuancées au sujet des incidences de l'indépendance ? Au fil des ans, on a eu droit à une foule d'analyses portant sur les impacts économiques négatifs de la souveraineté. Le plus sérieusement du monde, on nous a prédit les pires cataclysmes. Pertes massives d'emplois, fuite des investissements, explosion de la dette publique, isolement économique du Québec, voilà seulement quelques-uns des malheurs qui nous guettent dans l'éventualité de la souveraineté, nous répètent les «économistes neutres» des instituts Fraser, C. D. Howe, de la Banque Royale, du Conseil du patronat, etc. À les entendre, un «oui» au référendum équivaudrait à un passeport pour l'enfer.

Le constat inverse s'applique au camp souverainiste qui a la fâcheuse tendance de nous arroser d'études systématiquement optimistes, voire parfois «jovialistes» sur l'énonomie d'un Québec souverain : haut niveau de vie, association rapide avec le reste du Canada (RDC), absence ou faibles coûts de transition, etc. Comme si on pouvait faire une omelette sans casser quelques œufs. Au diable les nuances, on nage en pleine économie-fiction. Dites-moi qui a commandité la recherche et je vous dirai si la souveraineté, c'est l'enfer ou le paradis !

De leur côté, les médias alimentent autant que faire se peut ce véritable festival de la confusion. Pigeons au hasard un nom dans le chapeau et qui avons-nous ? Alain Dubuc. Parfait pour illustrer mon propos. Monsieur Dubuc est «édito-économiste» – ou «écono-éditorialiste», je ne sais trop – à *La Presse* où il s'est bâti une forte crédibilité en rédigeant pendant longtemps une chronique économique. Ses papiers étaient habituellement bien documentés, accessibles, souvent tendancieux mais bon, on l'a dit, c'est monnaie courante chez les économistes. Or, depuis qu'il est éditorialiste en chef, Dubuc met souvent son chapeau d'économiste pour analyser et commenter les questions de l'heure. N'est-il pas étonnant qu'un spécialiste de son calibre ne parvienne pas à trouver le moindre avantage économique au projet souverainiste? Qu'un éditorialiste fédéraliste ponde des éditos à saveur fédéraliste, rien de plus normal. On comprend qu'il ne peut déroger de la ligne éditoriale de *La Presse* qui, rappelons-le, n'appartient pas à la Société Saint-Jean-Baptiste. Mais qu'il cherche à se travestir en observateur neutre au-dessus de la mêlée, en nous laissant croire que ses trouvailles sont le fruit d'une démarche scientifique rigoureuse, a un côté indécent. Les lecteurs et lectrices en quête d'éclairage ont alors droit à une opération maquillée d'exaltation du fédéralisme sollicitant leur rationalité à coups d'arguments économiques tronqués. Ainsi, à propos du partage de la dette fédérale, l'éditorialiste de *La Presse* affirme catégoriquement:

> [...] on peut démontrer que la question de cette dette poserait à un Québec indépendant des problèmes considérables. Si considérables, qu'à eux seuls, ils constituent un argument suffisant pour refuser la séparation[4].

Voilà, tout est dit. À écouter Dubuc, il ne reste plus qu'à fermer les livres et à oublier ce projet insensé. Après avoir sacrifié les programmes sociaux et les services publics sur l'autel de la dette fédérale, il serait temps, à l'écouter, de faire de même avec le projet souverainiste. Exit la souveraineté! Faisons de la lutte au déficit notre projet de société! Et puis, où avons-nous la tête, espèce de bande d'endettés que nous sommes, pour vouloir gérer nos dettes nous-mêmes? D'ailleurs, puisque ce sont les marchés étrangers qui financent en grande partie ces dettes, comment excuser le fait que le gouvernement du Québec ne leur ait pas organisé une commission de consultation comme pour les aînés et les jeunes? Monsieur Dubuc aurait pu la présider et ainsi recueillir les avis précieux des prêteurs étrangers, ces architectes occultes de notre beau pays...

Dans ce dossier du partage de la dette fédérale, panier de crabes par excellence, la confusion frôle le délire. Alors que les études économiques réalisées pour le compte de la Commission Bélanger-Campeau établissaient la part du Québec à 18,5%[5], d'autres études (plus fédéralistes on s'en doute) la font grimper jusqu'à 25%. Or, comme sur une dette de 550 milliards de dollars, chaque point de pourcentage supplémentaire représente 5,5 milliards de plus, l'écart entre les deux scénarios atteint la modique somme de 36 milliards (137,5 - 101,75). C'est la différence entre un décollage réussi et un écrasement en bout de piste. Mais encore ici, le Fraser Institute remporte la palme du ridicule en supposant qu'un

Québec indépendant aurait à rembourser sa dette en vingt-cinq ans comme pour une simple hypothèque! Pourtant, ni le Canada ni les autres pays industrialisés ne remboursent leur dette publique. Ils la contrôlent, la refinancent, la rééchelonnent.

Tout ce débat de chiffres et de statistiques est purement stérile. Il y a en effet trop d'impondérables dans un dossier comme celui-là pour prédire avec un minimum de précision les coûts et les bénéfices économiques qui découleraient de l'indépendance. La réaction du reste du Canada apparaît à cet égard déterminante. On connaît déjà le caractère impressionniste des prévisions économiques, même lorsqu'elles sont effectuées sur une entité politiquement stable. Imaginez lorsqu'il s'agit de porter un jugement futur sur un environnement chamboulé. Par conséquent, les études qui font des pronostics sur les impacts économiques de la souveraineté peuvent difficilement être prises au sérieux. La création d'un nouvel espace politique complique grandement le puzzle. Chose certaine, si les Québécois attendent des certitudes économiques pour fixer leur choix constitutionnel, ils attendront longtemps. Et de toute façon, peut-on croire un instant que l'accession à l'indépendance ne comporte aucun risque économique? Une telle décision, comme toutes les décisions politiques d'importance, comporte de multiples coûts et bénéfices potentiels. C'est l'évidence et là n'est pas la question. Pire que toutes ces sottises dont nous sommes bombardés, l'aspect le plus triste de tout cela est qu'on réduise un projet global de société au niveau d'un simple *deal* économique. Vraiment désolant. Personnellement, en tant qu'économiste, j'ai la conviction que l'indépendance du Québec a beaucoup plus à voir avec l'amour qu'avec l'économie et ce même si je hais les chanteurs de pomme. Hélas ! cette perception ne semble pas faire l'unanimité au royaume de la québécitude...

5

Le néolibéralisme:
l'économisme à son zénith

*Tel est en vérité le dernier argument qui reste aujour-
d'hui au libéralisme économique. Ses apologistes répètent, avec des variations infinies, que sans les lignes
politiques préconisées par ceux qui le critiquent, le
libéralisme aurait tenu ses promesses, que les responsables de nos maux ne sont pas le système concurrentiel et le marché autorégulateur, mais les ingérences
dans ce système et les interventions sur le marché.*

KARL POLANYI.

Le néolibéralisme se porte haut en 1995.
Oui, ma chère! Avec la défaite de Bill
Clinton au Congrès et la percée massive des
républicains, menés par l'ineffable Newt
Gingrich, *watch out*! Après l'enterrement de
première classe réservé au projet de réforme

de la santé (pauvre Hillary!), on ne parlait plus chez nos voisins du sud que de réduire le rôle de l'État, de sabrer dans les programmes sociaux et les impôts, thèmes chers aux apôtres du libéralisme économique. Le fantôme de Reagan attendait dans un placard que personne n'avait verrouillé. Il en est ressorti à la première occasion. Ceux qui croyaient que les Américains en avaient fini avec les *voodoo economics*[1] n'ont qu'à bien se tenir.

Chez nous, débat référendaire oblige, il a fallu rassurer les marchés, les investisseurs, les États-Unis, la communauté internationale, le FMI et, j'oubliais, les indécis, quant aux conséquences économiques d'une éventuelle souveraineté du Québec. L'échéance du scrutin se rapprochant, on pouvait donc parier sur une profession de foi du gouvernement péquiste en faveur des grandes orientations véhiculées par l'establishment néolibéral tant national que mondial : allégement de l'État, équilibre budgétaire, libre-échange, etc. Il était prévisible que le débat sur la souveraineté connaisse sa phase «rampante», pour reprendre l'expression de Jean Larose.

Il est important de rappeler que le néolibéralisme, cette version revue et corrigée du libéralisme économique, qui a imprégné le capitalisme jusqu'au *New Deal* de Roosevelt dans les années 30, domine la scène économique occidentale depuis une bonne quinzaine d'années. Or, ce courant de pensée, qui consacre la servilité de l'humain face à l'économie, constitue assurément le principal vecteur de propagation d'un économisme rendu au stade épidémique. À travers le prisme néolibéral, on perçoit le développement économique comme une fin en soi, et le social n'est qu'un simple wagon à la remorque de l'économie. Dans cet univers, le culte de l'individualisme règne et la primauté du marché devient un dogme.

L'observateur attentif remarquera que les tenants du néolibéralisme évitent systématiquement l'étiquette d'«idéologie» lorsqu'ils parlent de leur doctrine. En s'affichant comme des penseurs neutres, ils tentent d'imposer leur point de vue, de légitimer un projet de société dont le moteur est la compétitivité. Et qui peut nier que, par les temps qui courent, ils connaissent un succès certain? Le marasme des idées et l'absence de solution de rechange leur laisse le chemin libre.

Le laisser-faire assisté

On peut chercher à se rassurer en faisant un rapide travelling sur le monde. Malheureusement, le même constat s'impose partout : l'idéologie du libre marché triomphe. Véritable totem, le laisser-faire gagne des adeptes malgré les ravages sociaux qu'un économisme débridé sème en son nom. En outre, il est de bon ton à notre époque d'opposer les tenants purs et durs du laisser-faire économique (nous les appellerons les néolibéraux) à ceux d'un interventionnisme affirmé de l'État (appelons-les les sociaux-démocrates pour les besoins de la cause), en assimilant le laisser-faire à une situation d'État minimal. Mensonge! Il y a en effet longtemps que le libéralisme économique a compris que son salut reposait sur l'intervention bienveillante d'un État dont il n'a d'ailleurs jamais pu se passer. Pour paraphraser Denis Clerc[2], je dirais que la «main invisible»* du marché n'est pas grand-chose sans la main visible de l'État. Historiquement, le marché autorégulateur a toujours été une vue de l'esprit.

* «Tout individu s'efforce d'employer son capital en sorte que la valeur de ses produits soit maximisée. En règle générale, il ne se propose pas de promouvoir l'intérêt général et il ignore dans quelle mesure il y parvient. Il ne se préoccupe que de sa sécurité propre, que de son gain propre. Et, ce faisant, il est conduit par une «main invisible» à atteindre un objectif qu'il n'avait aucunement visé. En poursuivant son intérêt particulier, il sert souvent l'intérêt social plus efficacement que dans les cas où il a réellement l'intention de le promouvoir. »

Adam Smith.

Nous ramenant à l'époque qu'il situe comme la naissance du credo libéral, Polanyi a écrit de belles choses là-dessus.

Le libéralisme économique a été le principe organisateur d'une société qui s'employait à créer un système de marché. Simple penchant pour des méthodes non bureaucratiques à sa naissance, il s'est développé en une véritable foi dans le salut de l'homme ici bas grâce à un marché autorégulateur. Ce fanatisme a résulté de la soudaine aggravation de la tâche dans laquelle il se trouvait engagé : l'ampleur des souffrances qui devaient être infligées à des innocents aussi bien que la grande portée des changements enchevêtrés qu'entraînait l'ordre nouveau. La foi libérale ne prit sa ferveur évangélique que pour répondre aux besoins d'une économie de marché déployée dans son entier[3].

Et de poursuivre Polanyi :

Le laisser-faire n'avait rien de naturel ; les marchés libres n'auraient jamais pu voir le jour si on avait simplement laissé les choses à elles-mêmes[4].

Le libre marché a eu besoin de l'État non seulement pour s'implanter, mais également pour se maintenir. De même aujourd'hui, quand des accords de libéralisation du commerce (GATT ou ALÉNA) ont l'épaisseur d'annuaires téléphoniques, doit-on parler de déréglementation ou de reréglementation ? Idem avec la nouvelle configuration du marché du travail qu'appellent avec insistance les partisans du laisser-faire et qui commande une série d'actions de la part de l'État : flexibilité accrue du temps de travail, des coûts salariaux et de main-d'œuvre, réforme des programmes sociaux, abolition du salaire minimum, etc. Ce n'est pas le moindre des paradoxes d'observer que contrairement à une idée reçue, il faut parfois davantage d'État pour permettre au marché libre de s'émanciper.

L'accusation d'interventionnisme dans la bouche d'auteurs libéraux n'est donc qu'un mot d'ordre vide, qui implique la dénonciation ou l'approbation d'une seule et même série d'actions selon ce qu'ils en pensent. L'unique principe auquel les tenants de l'économie libérale puissent se tenir sans incohérence est celui du marché autorégulateur, qu'il les entraîne ou non à intervenir[5].

De mémoire récente, l'exemple le plus éloquent de ce qui précède fut sans contredit la cascade de faillites des caisses d'épargne (*Saving and loans*) américaines au cours des années 80. Survenant en plein royaume du laisser-faire, le pire scandale financier de l'histoire des États-Unis a donné lieu à une gigantesque opération de sauvetage de la part du gouvernement américain. En votant, il y a deux ans, une enveloppe de 34,3 milliards de dollars pour protéger les déposants des caisses d'épargne en faillite et conclure le dernier chapitre de cette cata-strophe financière, Washington — et donc l'ensemble des contribuables américains — a acquitté une ardoise estimée à 500 milliards en trente ans! Dans ce naufrage, la foi inébranlable des néolibéraux dans les bien-faits du marché n'a eu d'égal que leur empressement à réclamer l'intervention de l'État lorsque le bateau a commencé à tanguer dangereusement.

Au Québec, les exemples de tels sauve-tages foisonnent. Qu'on se souvienne seule-ment des généreux cadeaux consentis par la Caisse de dépôt et la SDI à des gourous du Québec inc. comme Roger Malenfant, Bertin Nadeau et Michel Gaucher. Mais si on s'en remet à Alain Dubuc de *La Presse,* il s'agissait probablement d'autres « *moumounes* du néolibéralisme[6] », incapables de jouer le jeu selon les règles du capitalisme sauvage. Dans un éditorial « pro-libre marché », Dubuc plaidait en faveur d'un capitalisme plus macho en rabrouant toutes ces pleureuses qui réclament l'intervention de l'État dès que la marmite s'échauffe. L'éditorialiste n'a peut-être pas encore réa-lisé que ses *moumounes* du laisser-faire sont légion et que le libéralisme économique s'est toujours pratiqué à géométrie variable et en s'acoquinant autant que faire se peut avec l'État.

L'idéologie du libre marché à son paroxysme

Tout cela me fait penser à cette croyance des purs et durs du laisser-faire, qui jugent que les multiples déboires économiques du monde occidental résultent principalement des innombrables entraves à la liberté économique. Voilà assurément une autre illustration du fait qu'ils vivent sur une autre planète. Un exemple ? Petit prêtre de cette chapelle d'extrême-droite qui honnit toute forme d'action publique et qui brandit le crucifix du laisser-faire bien haut, Jean-Luc Migué, professeur d'Économie à l'École nationale d'administration publique (ÉNAP), tient le flambeau depuis plusieurs années au Québec en vitupérant l'État d'une tribune à l'autre. Son fanatisme le situe dans une catégorie à part qui fait paraître modérés la plupart des autres économistes néolibéraux. Il garde probablement une photo de Friedrich von Hayek – le père du néolibéralisme – dans son portefeuille et possède sûrement tous les bouquins de Guy Sorman, ce penseur ultralibéral français, qui jouit en fantasmant sur le capitalisme. Bref, plus à droite que lui, tu prends le clos ! Sa pensée, d'un simplisme désarmant, se réduit à bien peu de choses. Je la résumerais ainsi : tout est de la faute à l'État. Dans un ouvrage récent intitulé *Une société sclérosée,* Migué, après une analyse bâclée sur les dysfonctionnements du marché du travail, où les raccourcis et les actes de foi tiennent lieu de démonstrations, esquisse son projet de réforme pour redynamiser le marché de l'emploi.

> ... l'analyste ne peut que formuler une consigne centrale ; la rigidité légiférée étant la source principale du piètre état de la conjoncture présente, c'est à supprimer les obstacles progressivement introduits par le législateur au cours des trois dernières décennies qu'il faut concentrer ses efforts. Concrètement, ce précepte signifie circonscrire les monopoles syndicaux et corporatifs, abaisser les coûts de recrutement et de licenciement incorporés aux normes de travail, à la discrimination active sexiste et raciste, à la fiscalité écrasante et à la réglementation sectorielle. L'allégement des protections sociales, sources de dépendance généralisée, s'inscrit dans la même veine. En un mot, la planification publique du marché du travail s'étant avérée tout aussi désastreuse que la planification économique générale, le mieux à faire est de l'écarter[7].

Et l'auteur de citer en exemple les États-Unis dont le taux de chômage relativement bas par rapport aux pays européens et au

Canada justifierait qu'on passe le bulldozer dans la réglementation de notre marché du travail. Or, il faut rappeler à cet économiste myope que, parallèlement à l'amélioration quantitative de l'emploi, on observe une dégradation qualitative très nette de l'emploi chez nos voisins du sud depuis une quinzaine d'années. La précarisation de l'emploi a gagné du terrain et, dans son sillage, les salaires réels des travailleurs ont fortement décliné. Qui plus est, les salaires augmentent moins rapidement que le coût de la machinerie et des équipements, mais cela n'empêche pas ces derniers de se substituer de façon croissante à la main-d'œuvre. Enfin, les inactifs ont très fortement augmenté chez l'Oncle Sam, une réalité qu'occulte le taux de chômage. Par ailleurs, une étude récente de l'OCDE − un organisme aux couleurs néolibérales pourtant bien affichées − a conclu qu'un abaissement des conditions de travail n'affectait pas significativement la compétitivité d'un pays et que la déréglementation et l'érosion des normes de travail n'avaient pas d'incidence positive sur l'emploi[8]. Ces tendances, au demeurant fort bien documentées, ne freinent nullement l'idéologue Migué dans sa croisade.

Il faut donc revenir aux premiers principes et poser au départ que le marché du travail ne diffère pas essentiellement du marché des «peanuts». Tout comme pour cette denrée, lorsque le prix s'élève, les acheteurs-employeurs en demandent moins[9].

La recette, vous l'aurez deviné, consiste donc à baisser les salaires pour prétendument stimuler l'embauche comme on baisserait le prix des *peanuts* afin d'attirer plus d'acheteurs. D'un simplisme consternant. Remplacer les chômeurs pauvres par des travailleurs pauvres, voilà la solution de Migué! Comme dirait Claude Julien du *Monde Diplomatique,* on décode là le discours du libéralisme contre la société[10], celui de l'infaillible rationalité économique, celui du libre marché non comme un moyen mais bien comme une fin. Privatisons la santé et l'éducation, déréglementons tous azimuts, démantelons la protection sociale! Beau programme pour sortir le Québec de la sclérose! Tel est le projet de société d'un authentique économiste néolibéral en proie à son délire.

Claude Picher, Ralph Klein et la Nouvelle-Zélande

Un autre qui aime bien demeurer assis à droite sur la banquette est Claude Picher. Chroniqueur économique à *La Presse* de son métier, l'homme se croit vraiment investi d'une mission. Infatigable, il sonne sans arrêt le tocsin en nous mettant en garde contre les pires cataclysmes: l'endettement «désastreux» de nos gouvernements, la croissance «effrayante» de l'économie sou-

terraine, la perte «dramatique» de compétitivité de notre économie, la tiers-mondisa-
tion «inéluctable» du Canada. Ses cibles
favorites : gouvernements, syndicats et tous
ceux qui entravent le fonctionnement du
sacro-saint libre marché. Évidemment, notre
populaire chroniqueur cautionne sans
vergogne les interventions draconiennes
d'organismes tel le Fonds monétaire international (FMI), dont il souhaite presque
ouvertement la venue ici afin qu'il nous
impose ses diktats. Une bonne thérapie aux
électrochocs, il n'y a rien de mieux pour
vous guérir une économie mal en point ! Les
penseurs néolibéraux, pour lesquels il manifeste une admiration sans borne, ont trouvé
en lui le promoteur attitré et fidèle de leurs
idées, et il les propage d'ailleurs avec zèle.

Le FMI, écrit Picher, se contrefout
royalement que vous ayez un million
de chômeurs sur les bras ou des
émeutes dans les rues, pourvu que
vous parveniez à équilibrer votre balance des paiements !... C'est vrai que
le FMI a été dur, impitoyable dans certains cas. Mais son action, malgré tout,
a évité bien des catastrophes ; un gar-
dien de l'ordre est rarement populaire,
mais combien nécessaire[11]...

En somme, bonjour la police ! Picher et
ses camarades oublient toutefois de dire
qu'il y a belle lurette que le rôle du FMI
dans l'économie mondiale – à côté des véri-

tables leviers de la finance et du commerce internationaux que constituent les 200 plus grosses sociétés transnationales – est devenu mineur. Qu'il contrôle des liquidités d'un montant inférieur à 2 % des importations mondiales. Qu'il s'est tout bonnement transformé en gendarme du capital. Que les politiques d'ajustement structurel, de libéralisation et de privatisation qu'il impose aux pays moins développés (PMD) s'apparentent à du pillage où, chaque année, des milliards de dollars sont pompés en toute légalité[12].

Depuis quelque temps, l'idole du chroniqueur n'est nul autre que Ralph Klein, premier ministre albertain que le *Financial Post* a consacré champion du capitalisme pur et dur en Amérique du Nord, rien de moins. Pour celles et ceux qui l'ignorent, Ralph, comme l'appelle familièrement Claude Picher, est un politicien populiste qui saccage allégrement le secteur public albertain en faisant miroiter un objectif très à la mode, « le déficit zéro ». Sa popularité tient au fait qu'il sabre de façon aveugle dans les dépenses publiques, *across the board* comme disent les Anglais. Quel homme courageux ! s'exclament ses admirateurs. Compressions de 750 millions de dollars dans la santé, de 460 millions dans l'éducation, de 328 millions dans les services sociaux, du jamais vu ! Il a promis d'éliminer le déficit d'ici 1997 mais, s'il y parvient, ce sera au prix d'une accentuation des inégalités sociales sans précédent dans ce coin de pays. Dernier venu parmi les apprentis sorciers néolibéraux, Klein applique en fait les recettes néo-zélandaises, celles-là mêmes qui font fantasmer Picher, abasourdi par le prétendu miracle survenu au pays des kiwis soudainement transformé en paradis du laisser-faire économique. En réalité, l'Alberta et la Nouvelle-Zélande s'apparentent à des bancs d'essai pour les grands pays de l'OCDE qui surveillent de très près l'évolution des politiques d'austérité budgétaire menées là-bas. Ce sont ni plus ni moins des laboratoires sociaux où l'on teste les idées néolibérales les plus radicales un peu comme autrefois le Chili a servi de cobaye pour l'expérimentation de la politique monétariste popularisée par l'économiste de droite Milton Friedman et ses *Chicago boys*.

L'ampleur et la sévérité des réformes néo-zélandaises ont peu de choses en commun avec les coupures albertaines. La Nouvelle-Zélande a imposé de lourds tickets modérateurs, supprimé les subventions, aboli les abris fiscaux, privatisé tout ce qui pouvait l'être, réduit les programmes sociaux à leur strict minimum, obligé les fonctionnaires à concurrencer le secteur privé, anéanti le pouvoir syndical, démoli les mesures protectionnistes. À côté de cela, Ralph Klein a l'air d'un ange[13]!

Mais n'en déplaise à Picher, il n'y a pas eu de miracle néo-zélandais tout comme il n'y a pas de miracle albertain. En 1984, le gouvernement de la Nouvelle-Zélande a eu recours à une médecine de cheval qui s'est traduite dans un premier temps par une hausse brutale du chômage, des tensions sociales grandissantes et une stagnation économique. De 4 % qu'il était en 1984, le taux de chômage a bondi à 9,5 % en 1994. La pauvreté s'est répandue comme une traînée de poudre. Qui plus est, au cours de cette même période, la dette extérieure du pays a quadruplé, passant de 16 milliards de dollars à 67 milliards de dollars. Par la suite, la situation des finances publiques s'est certes améliorée, mais seulement au prix de lourds sacrifices sociaux[14]. En outre, la qualité des services publics d'éducation et de santé s'est effritée et la criminalité a fortement augmenté. Actuellement, ce pays connaît une reprise économique vigoureuse comme beaucoup d'autres pays de l'OCDE qui n'ont pas procédé à des coupes à blanc dans le secteur public et les programmes sociaux. Et puis, avec un taux de chômage qui frôle encore les 10 %, les oh! et les ah! du camarade Picher ont quelque chose de franchement délirant. Quant au miracle albertain, il a un nom : pétrole. Klein profite, pour équilibrer son budget, d'une conjoncture où les recettes publiques tirées d'une forte activité pétrolière sont élevées.

Même si le chroniqueur ne va pas jusqu'à recommander la potion néo-zélandaise pour les problèmes que nous connaissons (le Canada n'a rien à voir avec la Nouvelle-Zélande et il le sait bien), il salive déjà à l'idée qu'un jour la population québécoise puisse élire un toqué comme le boucher de l'Alberta. Convaincu que l'expérience albertaine s'exporterait bien au Québec, il attend avec impatience l'élection d'un disciple de Klein chez nous.

Sur la croisade hystérique contre le déficit...

Tout d'abord un aveu. Oui, je considère que l'ampleur de l'endettement public représente un grave problème et qu'on ne pourra pas perpétuellement skier sur l'avalanche. Cela dit, il saute aux yeux que la lutte au déficit et à la dette telle que menée depuis plusieurs années par les néolibéraux de tous horizons s'effectue sous le couvert de l'hypocrisie. La psychose savamment entretenue autour de cet enjeu illustre mieux que toute autre question économique jusqu'où peut aller la manipulation des masses sous le couvert de réalités objectives prétendument incontournables. Il faut dire que l'endettement représente l'un des tabous séculaires du discours économique dominant. Pourtant, appelons un chat un chat. Nous avons créé une économie qui fonctionne grâce à l'endettement et où toute croissance est impossible sans augmentation de la dette.

Notre économie ne peut pas croître sans que la demande totale augmente ; la demande n'augmente jamais sans que la masse monétaire grossisse ; et cette dernière ne prend jamais d'expansion sans que le taux de croissance de la dette ne s'accélère et que les taux d'intérêt sur la dette ne montent plus rapidement encore[15].

Remarquons dans la citation précédente l'utilisation du terme «dette» et non «dette publique», un point capital sur lequel nous reviendrons. Pour le moment, allons-y avec une «question quiz» d'apparence anodine : comment juger de la gravité réelle de la dette publique ?

1. Les banques sont fermées et aucun guichet automatique ne fonctionne.

2. Le ministre des Finances Paul Martin a quitté précipitamment le pays pour les Antilles et, depuis, on est sans nouvelles de lui.

3. Les autoroutes 10, 20 et 40 sont embouteillées par des colonnes de camions de la Brinks.

4. Claude Picher prédit encore une fois la fin du monde dans ce qu'il est convenu d'appeler sa chronique testamentaire.

5. Aucune de ces réponses.

Évidemment la bonne réponse est 5 car il n'existe pas de seuil absolu d'endettement,

sorte de ligne rouge universelle à ne pas
franchir sous peine de déclarer faillite et,
comme dirait le comédien Daniel Lemire,
« de repartir le pays sous un autre nom ». En
revanche, les économistes disposent d'une
batterie d'indicateurs leur permettant de
suivre l'évolution de la situation budgétaire
d'un pays. Mais ce sont généralement les
agences de cotation de crédit qui donnent
les signaux qui guideront les prêteurs, ceux
qu'on appelle pompeusement les « investisseurs » ou, plus mystérieusement, les « marchés ». Or, il faut savoir que les quatre
agences d'évaluation de crédit les plus en
vue ici – en l'occurrence la Canadian Bond
Rating Service (CBRS de Montréal), la
Dominion Bond Rating Service (DBRS de
Toronto), la Standard & Poor's (New York),
ainsi que Moody's (New York) – non seulement ont des systèmes de cotation différents, mais divergent parfois d'avis sur
l'évaluation financière d'un même gouvernement. Pendant que l'une accorde un
AAA, l'autre donne un Aaa. L'une peut
décréter une décote pendant que les autres
jugent la situation sous contrôle. Ces firmes
peuvent même se fourvoyer complètement
et, comme le souligne Robert Dutrisac, les
précédents à cet égard ne manquent pas.

Des bavures, il y en a eu. En 1975, la
ville de New York avait obtenu la cote
A à la veille de se déclarer en défaut de
paiement. On peut mentionner aussi

l'écroulement de l'empire de Robert Maxwell survenu sans que les deux agences (S.&P. et Moody's n.d.l.r.) ne froncent les sourcils. Ou encore la déroute des caisses d'épargne américaines[16].

Pourtant, malgré ces gaffes spectaculaires, la crédibilité de ces deux méga-agences américaines demeure intacte auprès des investisseurs. Encore la foi, toujours la foi. Dans ces circonstances, comment ne pas prendre avec un gros grain de sel les « alertes orange » répétées que nous servent nos agences canadiennes, qui font figure de juniors dans cette ligue majeure où même les pros se cassent régulièrement la gueule ? Encore ici, nous sommes à mille lieux de l'objectivité.

De leur côté, les médias attisent la psychose du mieux qu'ils le peuvent. Du « Attention ça va faire mal ! » en passant par « Le pire déficit de tous les temps ! », ou encore « Le pays en faillite ! », les titres de nos journalistes « bonshommes sept heures » alimentent la panique. Le *lead* est simple : « À soir, on fait peur au monde ! » Et avec ça, le sempiternel show de « pyrotechnie statistique », l'orgie de chiffres et de graphiques, où l'on jongle avec des milliards de dollars pour mieux subjuguer le commun des mortels, tiennent habituellement lieu d'argumentaires à défaut d'explications convaincantes qui permettraient de bien cerner la question. Et dans le cas qui nous occupe, les chiffres, qui atteignent des sommets astronomiques, plongent le citoyen médusé dans un monde aussi abstrait que si on l'entretenait des grandeurs intersidérales en cosmologie. Pour mieux briser le mur de son indifférence et tenter par la suite de l'effrayer, on recourt donc à des techniques simplistes afin de ramener le problème à des dimensions humaines. Ainsi, au lieu de parler d'une dette fédérale de 550 milliards de dollars (ou 550 000 000 000 $ pour ceux qui aiment les zéros), on dira plutôt que chaque Canadienne et chaque Canadien doit 17 500 $, une dette *per capita* à laquelle un déficit fédéral annuel de 40 milliards ajouterait 1 377 $. Ou bien on dira au malheureux contribuable que, à raison de 1 $ à la seconde, le remboursement de la dette publique québécoise qui s'élève à 69 milliards prendrait 2 208 ans ! Le summum de cette pédagogie à la petite semaine fut certes atteint durant l'émission *Huis clos sur la dette* diffusée un dimanche soir par la SRC et où Simon Durivage a déployé tous ses talents d'animateur pour vulgariser le discours dominant sur les finances publiques. Nous étions loin d'un questionnement sur l'origine ou les causes de la dette ou encore sur les différentes solutions qui s'offrent à nous pour la résorber. Le populaire animateur, crayon en main et tableau de circonstance, sommait plutôt sa brochette de «spécialistes» de lui indiquer où sabrer dans les dépenses budgétaires et de combien!

Dans un essai décapant intitulé *La Culture de la dette*[17], deux chercheurs qui se sont amusés à déboulonner certaines faussetés et clichés les plus communs véhiculés par le discours hystérique sur la dette, ont visiblement syntonisé avec autant d'intérêt que moi cette perle d'émission. Ils l'ont brillamment commentée et en ont relevé un des passages les plus croustillants. À l'un des invités, Duncan Cameron de la revue *Canadian Forum,* qui tentait de souligner que le problème du déficit découle en grande partie du chômage endémique et que toute solution négligeant cette dimension ne peut qu'échouer, Durivage rétorqua que l'émission portait sur la dette et non sur le chômage et qu'un bon jour on en ferait une sur ce dernier thème! Bravo, Simon! Si jamais on m'invite à votre émission sur le chômage, j'espère que je pourrai parler d'emploi...

Mais revenons à l'hystérie budgétaire. Chaque fois qu'un budget gouvernemental se profile, le même scénario se répète invariablement. À cet égard, la saga qui a précédé le budget Martin de 1995 fut un bijou en matière de conditionnement de l'opinion. Tout d'abord, sur la base des résultats budgétaires de l'année précédente (éminemment catastrophiques on s'en doute), on commence à préparer les esprits avec une campagne médiatique intensive visant à faire avaliser l'idée qu'il s'agit du budget de la dernière chance et que si le douloureux coup de barre n'est pas donné maintenant, le pays tombera dans l'abîme et nous avec. Dans la deuxième étape, les autorités gouvernementales laissent courir quelques fuites savamment calculées qui permettent d'occuper la galerie et d'alimenter la rumeur publique. Il faut bien laisser le temps aux «cracks» du ministère des Finances de peaufiner leurs analyses d'impacts chiffrées des différentes mesures restrictives envisagées. À ce stade, les pires hypothèses circulent; on nage dans un monde à la fois virtuel et apocalyptique. Les tribunes téléphoniques ne dérougissent pas, les spécialistes néolibéraux, plus fébriles qu'à l'accoutumée, jettent de l'huile sur le feu en pratiquant la surenchère des compressions. Les Dominique Vachon, Clément Gignac et consorts monopolisent les antennes et les tribunes pour cogner inlassablement le même clou. Inévitablement, monsieur et madame Tout-le-Monde se surprennent à penser que cette fois, qui sait, sera peut-être la vraie? Puis, en approche finale du budget (quelques semaines avant), on ne rit plus car l'artillerie lourde au complet vient ébranler toutes celles et ceux qui auraient l'ombre d'un soupçon d'un doute que des compressions draconiennes s'imposent comme LA SOLUTION. Les présidents de banque nous resservent leurs arguments éculés, le FMI y va parfois d'un nième avertissement et les marchés financiers se montrent soudainement «nerveux» et font tout pour déstabiliser notre dollar déjà passablement amoché. Comme un malheur ne survient jamais seul, la Banque du Canada réagit en haussant les taux d'intérêt, ce qui crée un climat d'incertitude économique tout en gonflant les frais de la dette. Et le soir du budget, la population résignée attend avec une inquiétude de circonstance le massacre annoncé. Or, on n'a droit qu'à une demi-hécatombe et, le lendemain, un grand «ouf!» collectif retentit comme pour se convaincre qu'on est encore bien vivant. «Ouf!» collectif certes mais pas unanime. Des voix (toujours les mêmes) s'élèvent pour dénoncer ce budget timide dans-lequel-le-ministre-n'a-pas-coupé-suffisamment-et-a-reporté-à-plus-tard-le-vrai-rendez-vous. Ne reste alors qu'à rembobiner la cassette pour utilisation lors du prochain budget.

Les marchands de dettes

Dans ce débat trop souvent fallacieux, la première équivoque est bien sûr l'utilisation systématique du terme «dette» pour s'attaquer strictement au phénomène de l'endettement *public,* laissant dans l'ombre la gigantesque dette privée (contractée par les particuliers et les entreprises) qui, elle, sert de *vita grow* aux banques et n'est pas moins problématique que la dette des gouvernements pour notre économie. À cet égard, les statistiques du ministère des Finances nous indiquent qu'en 1993 la dette des ménages (crédit à la consommation et crédit hypothécaire) atteignait 481 milliards de dollars tandis que celle des sociétés privées non financières s'élevait à 786 milliards. Au total, on dépassait donc le billion de dollars (1 000 milliards de dollars). Au cours de la dernière décennie, cette dette totale du secteur privé (entreprises et particuliers) a plus que doublé. Or, combien de banquiers, d'hommes d'affaires et même de journalistes nous ont mis en garde contre le grave problème de l'endettement privé au cours des années récentes ? Tout de même bizarre non, cette attitude deux poids deux mesures ? On capote sur la dette publique et on laisse la dette privée, pourtant astronomique, dans la garde-robe. D'un côté, on traite de visionnaires tous les Reichmann de ce monde qui s'endettent à coup de milliards pour financer les projets immobiliers les plus improductifs (Olympia & York, ça vous rappelle quelque chose ?). De l'autre, on dénonce les gouvernements qui empruntent même si c'est pour moderniser des infrastructures vieillissantes ou pour mettre sur pied des services collectifs indispensables au bon fonctionnement de l'économie. Dans le premier cas, on parle d'investissement avec toute l'aura qui entoure cette notion.

Dans l'autre, on crie au gaspillage. Usant d'un autre vieux truc pour mieux mystifier le citoyen ordinaire, on effectue des comparaisons boiteuses entre le budget d'un État et celui d'un ménage, lui faisant accroire que les dynamiques financières se ressemblent alors que cela n'a rien à voir. Lorsqu'on sait qu'un État possède les pouvoirs d'imprimer la monnaie et de taxer les citoyens, on saisit le caractère pervers du sophisme. Et puis imaginez une minute que les entreprises et les ménages décident de gérer leur argent sans s'endetter en respectant rigoureusement le postulat de l'équilibre budgétaire. Imaginez que, tous ensemble, nous reportions nos achats de maisons et d'autos jusqu'au jour où nous pourrions payer comptant. C'est bien simple, il n'y aurait plus d'économie telle que nous la connaissons.

Mais qui dette dit créanciers. Et qui sont les éternels détracteurs de la dette publique ? Je vous le donne en mille : ses codétenteurs, en l'occurrence les banquiers. Beau paradoxe, n'est-ce pas ? Véritables parasites du système économique, les banques détiennent rarement plus de 5 % de leurs actifs sous forme de capitaux. La balance est composée de dettes provenant de l'argent de leurs déposants (vous et moi). D'où l'importance de toujours se rappeler qu'un banquier qui nous sert un sermon sur la gravité de la dette a la même crédibilité qu'un *pusher* qui met ses clients en garde contre les dangers de l'usage de la drogue. Marchand de dettes de profession, il n'y a pas plus mal placé que lui pour discourir sur les périls de l'endettement. Cette longue citation de Hotson jette à mon avis un éclairage éclatant sur ce qui constitue assurément une gigantesque tromperie.

Le banquier qui, lui-même insolvable, saisit les biens hypothéqués d'un fermier incapable de payer ses dettes, se trouve dans une position morale aussi douteuse que le prêtre qui impose une pénitence sévère à ceux qui commettent le péché de chair quand il a lui-même profané ses vœux de chasteté. Comment diminuer le sentiment de culpabilité ? Il suffit de dénoncer la dette publique, et le pécheur se sentira mieux. Peu importe que le ratio des actifs par rapport aux passifs du gouvernement soit bien meilleur que celui du secteur privé. Peu importe que la dette publique augmente plus lentement que d'autres types de dettes, sauf en cas de dépression ou de guerre. Peu importe que, sauf en situation d'urgence, les emprunts du gouvernement soient toujours inférieurs à ses dépenses d'immobilisations. Peu importe que, en vertu des dispositions actuelles, la seule façon d'empêcher – ou plutôt de retarder – une dépression quand les banquiers insistent pour stopper l'emprunt privé réside dans l'endettement public[18].

Tant que les gouvernements s'endettent juste assez pour pouvoir continuer de verser leurs intérêts, tout va bien pour les banques qui s'enrichissent allégrement. Ce qu'elles craignent par-dessus tout, c'est le point de rupture qui suivrait un surendettement et qui mènerait au défaut de paiement. Avouons que cela arrive rarement aux gouvernements des pays riches. Par conséquent, la prochaine fois que vous entendrez un banquier prononcer sa traditionnelle homélie, souvenez-vous que c'est un marchand de dettes qui parle. À vos oreilles, son discours sonnera alors aussi juste qu'une pub d'*Au bon marché*.

La vraie cible : l'État redistributeur

Lorsqu'il s'agit de juger de l'efficacité des stratégies néolibérales en matière de finances publiques, nous souffrons tout simplement d'amnésie collective. J'en ai pour preuve l'arrivée au pouvoir des conservateurs en 1984, alors que la dette fédérale s'élevait à 207 milliards de dollars. Neuf ans plus tard, ils le quittaient, non sans avoir gonflé l'ardoise à 453 milliards, soit une augmentation de 246 milliards. Pas mal pour un gouvernement dont la priorité était la lutte au déficit. Au cours de cette même période, l'intérêt compté sur la dette publique fut de

279 milliards ! Or, ces intérêts furent versés en partie à des créanciers étrangers mais principalement à des créanciers canadiens. Comme par hasard, entre 1990 et 1993, l'actif des banques à charte a augmenté de 170 milliards, une hausse de 35 %. Dans une des rares études à ne pas gober bêtement le discours dominant sur le déficit[19], quelques économistes du Canada anglais ont calculé que :

1. en quinze ans, si l'impôt fédéral sur le revenu des entreprises était demeuré au même niveau qu'au cours des années précédentes, la dette fédérale afficherait 105 milliards de dollars de moins ;

2. parallèlement, si les taux d'intérêt étaient demeurés aux niveaux antérieurs, on aurait économisé une somme variant entre 65 et 90 milliards de dollars.

Dans son discours du budget de 1990, l'ex-ministre des Finances Michael Wilson lui-même estimait que la croissance de la dette survenue entre 1984 et 1990 découlait de l'effet boule de neige provoqué par l'intérêt composé sur la dette. À l'heure où on se parle, chaque point supplémentaire des taux d'intérêt gonfle le déficit fédéral de 1,8 milliard. Bagatelles, vétilles, appelez ça comme vous voudrez, rien n'y fait. Au diable les taux d'intérêt, les néolibéraux tiennent mordicus à épingler les dépenses publiques et singulièrement les dépenses sociales. Peu importe que ces dernières comptent pour une part négligeable de la croissance de la dette fédérale. À cet égard, une anecdote assez spéciale mérite d'être racontée. Nous sommes au début des années 90. Une étude portant sur la croissance de ladite dette, menée par deux chercheurs de Statistique Canada, conclut que l'explosion de la dette survenue entre 1975 et 1990 fut causée à :

• 50 % par la multiplication des concessions fiscales offertes aux entreprises et aux mieux nantis ;

• 44 % par le niveau excessif des taux d'intérêt ;

• 6 % par l'augmentation des dépenses publiques dont celles affectées aux programmes sociaux.

Il s'agit en fait du premier jet de l'étude qui fait l'objet d'une fuite. Curieusement, les auteurs refont leurs devoirs (probablement après avoir y avoir été fortement incités par leurs patrons qui jugeaient ces résultats embarrassants) et une nouvelle version «épurée» sort finalement de la table à dessin pour publication dans la revue *Canadian Economic Observer*[20]. Évidemment, dans cette nouvelle version, les résultats embarrassants pour les autorités ont disparu, mais l'étude demeure tout de même percutante pour qui sait lire entre les lignes. Étonnamment, cette dernière est presque totalement ignorée par les médias, et personne au gouvernement fédéral n'y fait écho. Conspiration du silence ? Loin de moi l'idée du grand complot. Généralement, sans qu'aucune consigne explicite soit dictée, ces études *off mainstream* passent totalement inaperçues. Les acteurs de la scène économique (politiciens, commentateurs, économistes, journalistes) les ignorent tellement qu'elles meurent d'elles-mêmes. Pas besoin de forcer la note, ça se fait tout seul. On aurait pu croire qu'un tel cas de censure susciterait des questions, provoquerait des vagues et, qui sait, peut-être un mini-scandale. Or, il a à peine fait quelques ronds dans l'eau. Cela illustre le fort degré de pénétration de cette fameuse « culture de la dette », mamelle essentielle du néolibéralisme.

Dans ce paysage de psychose, un élément resurgit constamment pour justifier nos sabreurs fous dans leur entreprise de carnage débridé. Un pourcentage croissant de notre endettement (des gouvernements et du secteur privé) est détenu par des créanciers étrangers auxquels nous versons annuellement des milliards en intérêts. C'est ce qu'on appelle la dette extérieure du Canada qui s'élevait en 1993 à 313 milliards de dollars soit 45 % de notre PIB. De toute évidence, ces fuites nous appauvrissent tout en nous asservissant aux marchés étrangers qui ont beau jeu de nous réclamer des primes de risque s'ils nous jugent trop endettés.

Une première constatation s'impose ici.

Nos gouvernements, bien que fortement endettés, revendiquent environ la moitié de notre endettement extérieur (la moitié des 313 milliards), l'autre moitié étant due par notre secteur privé. Jamais au grand jamais on n'évoque publiquement l'ampleur de la part privée de notre dette extérieure. En braquant continuellement les projecteurs sur l'État, les néolibéraux occultent comme par magie l'énorme responsabilité du secteur privé dans tout le processus. Cette tactique de diversion s'avère incroyablement efficace, la meilleure preuve étant que personne ne parle de l'endettement privé. Le raisonnement du secteur privé est fort simple : comme il n'y a pas assez d'épargne sur le marché canadien pour financer les emprunts de tout le monde, gouvernements et entreprises, et que ces derniers vont sur les marchés extérieurs, on tente de forcer l'État à emprunter moins, pour se donner les coudées franches. Car dans une économie qui tend vers le laisser-faire, le tout-puissant secteur privé doit tasser ce maudit «État empêcheur» qui lui fait concurrence pour les emprunts. Tel est le vrai sens de cette opération de légitimation qui confond, hélas ! trop de monde. On est pourtant loin de la magie noire.

Deuxième constatation : il apparaît clair qu'une dette détenue à 90 % par des citoyens canadiens (financée à même notre épargne comme en Italie) résoudrait bien des problèmes dans la mesure où l'argent circulerait au pays, créerait de l'activité ici et nous libérerait du joug étranger. Comme les bonzes du privé semblent s'en balancer éperdument, le secteur public peut provoquer des choses. Une idée consiste à rapatrier une partie de notre dette publique en rachetant une proportion des titres détenus par les investisseurs étrangers. Une autre, à émettre des obligations exclusivement pour financer le déficit. Certains ont même suggéré de rapatrier une partie de nos REÉR et de nos régimes de pension dont une part croissante est investie à l'étranger en quête de meilleurs rendements pour nos cohortes de *baby boomers* à quelques années de leur retraite. Ces sommes pourraient servir à financer la dette publique quitte à ce qu'elles procurent des pensions légèrement inférieures aux futurs retraités. Mais voilà, l'un des derniers cadeaux que les conservateurs nous ont légué avant d'être rayés de la carte politique fut de doubler, en 1990, le plafond des montants que nos gestionnaires de régimes de retraite peuvent investir à l'étranger. S'ensuivit un formidable exode de nos capitaux (plusieurs dizaines de milliards de dollars) qui font désormais le tour de la planète, cherchant les meilleurs rendements. Au même moment, le gouvernement fédéral se plaint du coût exorbitant qu'entraîne un recours accru aux marchés extérieurs pour financer sa dette. Assez contradictoire merci. Mais pas question de freiner le mouvement de déréglementation des marchés financiers. Le libre marché doit absolument s'épanouir au risque de placer l'État à la merci des investisseurs étrangers et de le pousser à se faire hara-kiri. Pendant ce temps, le secteur privé, mort de rire, emprunte à un rythme démentiel sans que quiconque s'en formalise. Après tout, n'est-il pas le seul, l'authentique et l'irremplaçable créateur de richesses en ce bas monde?

Une autre supercherie savamment entretenue par les néolibéraux consiste à nous faire croire que, mis à part les emprunts auprès du système bancaire, de la population ou des étrangers, il n'existe aucun autre moyen de financer le déficit gouvernemental. Pourtant l'État fédéral a toujours la possibilité, par l'entremise de la Banque centrale, de créer la monnaie nécessaire à son financement (en partie ou en totalité) au lieu de l'emprunter. Or, cette option n'est même pas évoquée dans le débat public. Jugée trop inflationniste par ses détracteurs, cette stratégie fut pourtant mise en œuvre avec succès au Canada après la Deuxième Guerre mondiale et elle nous permit de résorber rapidement une dette publique qui, toute proportion gardée, dépassait de loin la dette actuelle.

Clairement, le discours dominant sur la dette marque des points. Mais, pas fou, le citoyen ordinaire saisit intuitivement qu'on lui demande rien de moins que de jeûner pour éponger une dette dont il ne se sent guère responsable. Cela explique sans doute la très forte résistance de la population face à l'idée que la priorité économique de l'heure soit l'austérité budgétaire. Mais au fond, tout ce tam-tam médiatique autour du gouffre budgétaire occulte l'enjeu principal, la vraie cible des néolibéraux, l'État redistributeur, qu'ils cherchent à démanteler à tout prix. Voilà pourquoi, à chaque occasion qui s'offre à eux, ils utilisent l'expression déformante d'«État-providence», réveillant ainsi le sentiment de culpabilité qui sommeille en chacun de nous. Celui qu'on s'acharne à d'autres moments à qualifier de contribuable spolié se transforme soudainement – pour les besoins du discours – en profiteur dont la gloutonnerie ne s'assouvit jamais devant tous ces «cadeaux tombés du ciel». Pourtant, la plupart du temps, il a largement contribué pour des bénéfices qu'on qualifie faussement de manne. Tel est bien le but ultime de ce catastrophisme cultivé sans relâche par les néolibéraux : mener une guerre impitoyable contre l'État redistributeur, particulièrement sur tout ce qui touche ses fonctions sociales. Voilà qui explique que, depuis plusieurs années déjà, la lutte au déficit que mènent nos gouvernements s'effectue principalement en démantelant des pans entiers de nos programmes sociaux. Que cette guerre, orchestrée au profit de l'entreprise privée, provoque de graves dommages collatéraux parmi les couches les plus démunies de la population est le cadet de leurs soucis.

6

La misère des riches

Le progrès matériel est inéluctablement élitiste. Il enrichit les riches et accroît leur nombre en exaltant la poignée d'hommes extraordinaires capables de produire la richesse au-dessus des masses démocratiques qui la consomment.

GEORGE GILDER.

Si l'économisme a ses penseurs – les économistes, universitaires et intellectuels néolibéraux –, il possède aussi ses artisans, ses praticiens, ceux qui, au lieu de pelleter des nuages, s'activent sur le terrain à cultiver et à faire fructifier leur fibre entrepreneuriale, l'essence même de tout progrès sociétal comme on sait... Or, à défaut de frayer avec le monde des affaires et de la finance (ils ne fréquentent pas les mêmes bars ni le même club de tennis que moi), la lecture occasionnelle de leur presse spécialisée m'en renvoie souvent une image vaniteuse, voire outrecuidante. Dans un reportage intitulé «Les secrets de la haute[1]», le magazine *Affaires Plus* dévoilait pour faire saliver ses lectrices et ses lecteurs le carnet d'adresses des gens d'affaires les plus en vue. Exactement le genre de papier à vous en mettre plein la vue. Du *Mas des Oliviers,* au *Beaver Club* en passant par les *Jardins du Ritz* ou l'incontournable *Quatre-Saisons,* on y apprenait, remarquez qu'on s'en doutait, que nos gros bonnets aiment bien se faire voir dans les endroits considérés – par qui sinon par eux-mêmes ? – comme les plus sélects de Montréal. Notre *jet set* cravaté ne lésine donc pas sur la dépense. Tiens, une exception notable, les Chagnon de Vidéotron qui préfèrent semble-t-il bouffer du tofu au *Commensal.* Originaux, granos ou simplement trop *cheaps* pour aller dans les endroits chers, qui sait ? Dans cette véritable éloge du kitsch haut de gamme, tout y passait, restos, clubs privés, magasins, clubs de golf et de villégiature, tout ce qu'affectionnent nos entrepreneurs. On y lisait même :

> Les parties de chasse au faisan organisées à Sagar dans les terres de Charlevoix par Paul Desmarais pour ses invités internationaux, sont réputées dans le monde. Même dans le bois, le raffinement de Paul Desmarais

ne se dément pas; pour plaire à ses hôtes, il importe même des oiseaux de Tchécoslovaquie. On dit que ce serait la plus grande réserve de chasse du monde, après celle de l'Aga Khan[2].

L'oncle Paul, dit-on, possède un coussin de 1 milliard de dollars *cash* au cas où une entreprise d'ici ou d'ailleurs le tenterait. Il pourrait dégager, au besoin, 2,5 milliards de dollars de ses avoirs répartis aux quatre coins de la planète. En passant, après vérification, il s'agit du même Paul Desmarais qui nous mettait en garde, dans *Le Soleil* du 17 avril 1991, contre le poids démesuré de notre fiscalité et de notre dette publique. Il entrevoyait alors d'inévitables compressions dans les programmes sociaux, rendues nécessaires pour affronter la concurrence internationale. Voilà bien la preuve qu'on peut à la fois être riche et visionnaire...

Toujours dans le même magazine mais dans un autre reportage intitulé «Les 100 Québécois les plus riches», sorte de palmarès annuel de l'opulence, le rédacteur en chef Pierre Duhamel justifie ainsi son papier:

Pourquoi ce numéro sur les 100 Québécois les plus riches? Voyeurisme? Exhibitionnisme? Sensationnalisme? Aucunement. Dans la morosité ambiante, plus que jamais, la population se cherche des modèles. Nous avons besoin de savoir qu'à coup de travail et d'audace, nous pouvons réussir et faire beaucoup d'argent. Nous avons aussi besoin de rêver. Combien de financiers se voudraient aussi malins que Paul Desmarais ? Combien d'entrepreneurs aimeraient rééditer les coups fumants d'un Pierre Péladeau ou d'un Charles Sirois ? Nous avons le droit et le besoin de savoir. L'économie va mal et la fortune des 100 Québécois les plus riches s'en ressent[3].

Et comment qu'elle s'en ressent ! Pas de doute là-dessus car une compilation rapide m'indique que nos 25 plus fortunés ne possèdent que 7,1 milliards de dollars, ce qui n'équivaut somme toute qu'à 171 fois le budget gouvernemental annuel consacré à la culture et aux communications. La misère de nos riches est bien réelle et il faut souligner le courage de cette publication qui n'hésite pas à remettre les pendules à l'heure et à porter bien haut le flambeau de l'*American Dream*. Rien à dire donc sur le contenu dont la rigueur pourrait presque faire pâlir le prestigieux *Monde Diplomatique*. Au fond, ma seule critique porte sur le potinage qui y vole tellement bas que si vous remplaciez Paul Desmarais par Roch Voisine ou Nicole Pageau-Goyette par Céline Dion, vous seriez convaincus de lire le magazine *Le Lundi*. C'est un peu la même impression qui se dégage lorsqu'on ouvre le journal *Les Affaires* (grand frère de l'autre), sorte de

Échos vedettes du milieu des affaires. Quoi qu'il en soit, je sais désormais où ne pas aller pour éviter Ronald Corey, Roger D. Landry ou Pierre Péladeau. Tout ça pour dire que les gens d'affaires se prennent vraiment pour l'avant-garde de l'humanité, ce qui, avouons-le, ne paraît pas toujours évident. Mais lorsque je les croise dans les aéroports ou que nous prenons le même avion (pas dans la même classe tout de même), je réalise à leur air soucieux et pressé, ainsi qu'à leur accoutrement spartiate, l'ampleur de leur mandat, la gravité de leur mission. Là, je me remémore ces saintes paroles vraisemblablement sorties du cerveau de Bill Gates lui-même – PDG du géant des logiciels Microsoft et peut-être l'homme le plus riche du monde – et qui composent la trame sonore d'une des pubs télévisées de Microsoft : « Les affaires sont le moteur de la société. Sans elles, il n'y aurait pas d'emplois, pas de produits, pas de concurrence, pas de progrès. Les affaires sont le moteur de la société. Attendez de voir où elles vous mèneront ou jusqu'où elles nous mèneront tous. » Comment ne pas méditer devant un propos à la fois aussi dense et profond ? C'est simple, à chaque fois que je regarde cette pub, je me mets à léviter devant le petit écran.

Décidément, je ne comprendrai jamais Léo-Paul Lauzon qui s'acharne sur nos entrepreneurs, ceux que Galbraith qualifie d'originaux, d'indépendants, d'innovateurs, aimant le risque, sortes de créatures du marché, authentiques héros des économistes qui les vénèrent d'ailleurs par-dessus tout. Cessons donc de dénigrer nos bâtisseurs qui font pourtant flèche de tout bois pour nous tracer la voie de la modernité...

Des riches sous-payés

Heureusement, subsistent encore dans notre société quelques valeurs qui, loin du chaos ambiant, restent intactes. Le courage, la détermination et le dynamisme représentent quelques-unes des qualités qui distinguent les hommes d'affaires, mais qui rayonnent sur l'ensemble de la collectivité Ne serait-ce que pour cette unique raison, ces derniers méritent de justes émoluments. Dieu merci, notre système économique fait bien les choses car les 15 chefs d'entreprise les mieux payés au Québec ont surfé sur la dernière récession, leur rémunération ayant substantiellement augmenté en 1993. Ensemble, ils ont touché 14,4 millions de dollars. En tête du peloton, Marshall A. Cohen, président et chef de la direction de Molson, a touché 1 450 000 $ dont 31 % en primes. Traînant à la queue, le parent pauvre du groupe, Derek Cornthwaithe, président et chef de la direction d'une division de la même compagnie, a dû quant à lui se contenter d'un maigre montant de 667 500 $! Selon un relevé du journaliste Paul Durivage de *La Presse*[4], les salaires de base des

100 principaux hauts dirigeants d'entreprise ont augmenté en moyenne de 15 % (à 342 000 $) cette année-là. Et c'était sans compter l'augmentation moyenne de 50 % des généreuses primes de rendement qui représentent le cinquième de leur rémunération globale. En plus, les entreprises concernées étaient passées des profits aux pertes au cours de l'exercice en question. Ces données devraient nous amener à nous féliciter collectivement de laisser de côté la mesquinerie et d'accepter que, en cette période de vaches maigres, certains salariés, pas n'importe lesquels, puissent échapper au couperet. Il en va de la santé économique du pays dans son ensemble, étant admis que l'enrichissement constitue une juste récompense du lourd travail, à moins bien sûr qu'on ne gagne à la 6/49 ou au casino. Au fond, il faut voir là un faible prix à payer pour accroître l'incitation au travail des forces vives de la nation. Il s'en est fallu de peu toutefois pour qu'on ignore le traitement réservé aux rois du Québec inc.

Pas de guignolée pour nos banquiers

Dans un dossier portant sur les banques dans *L'Aut'JOURNAL* en février 1995, les comptables Michel Bernard et Léo-Paul Lauzon nous montrent pourquoi nos banquiers n'ont pas eu besoin de recourir à la guignolée cette année :

Coupures de salaires pour les uns et millions en

«petites coupures» pour les hauts gradés des banques. Malgré une croissance économique de 4%, un peu partout on a demandé aux syndiqués d'accepter des coupures salariales pour participer à la relance et au positionnement concurrentiel, pour se sacrifier au Dieu «mondialisation des marchés» [...]. Voici comment l'exemple de la collaboration sociale aux coupures vient de haut chez nos ingénieux banquiers.

Allan Taylor, président du conseil d'administration, et J. E. Cleghorn, président et chef de la direction, profitent «royalement» de la prodigalité de la Banque Royale avec respectivement 2,74 millions $ et 1,7 million pour l'année. Les coupures ne touchent pas tout le monde de la même façon, car la Royale compte 3 500 employés de moins en 1994 qu'en 1993. À la CIBC, Al Flood émerge des *floods* de la récession avec une libéralité de 1,63 million $ pour 1994. À la Banque de Montréal, la haute direction s'est aussi accordé des largesses: 1,9 million $ à M. Barrett, 1,2 million $ à F. A. Comper et un petit bifteck à B. F. Steck, seulement 1,6 million $. À la Toronto-Dominion, la profusion envers les hauts gradés a accordé un salaire de 2,63 millions $ à Richard Thompson et 1,86 million $ à Robert Korthals. Peter Godsoe de la Scotia est gratifié de 1,84 million $. À la Banque Nationale, André Bérard, un autre «petit gars du peuple», ancien caissier, passe à la caisse pour une petite misère de 1,09 million $. Plusieurs de ces messieurs ont doublé leur salaire de l'an dernier par des bonus: reprise économique oblige. [...]. Ceux-là n'ont sûrement pas eu recours à la guignolée dans le temps des fêtes[5].

Nous devons au ministre ontarien des Finances, Floyd Laughren, d'avoir imité les normes américaines en matière de divulgation de la rémunération des dirigeants de sociétés ouvertes, et cela au grand dam du monde des affaires canadien. Le gouvernement du Québec, lui, a refusé obstinément de suivre, sous la pression notamment du Conseil du patronat du Québec. Invoquant même notre différence culturelle avec les États-Unis, l'ineffable Ghislain Dufour craignait que le dévoilement des salaires ne crée des problèmes de relations de travail. Mais comme la majorité des moyennes et grandes entreprises québécoises sont à la fois cotées à la Bourse de Montréal et à celle de Toronto, elles doivent suivre les règles plus sévères de l'Ontario. Cette initiative nous aura permis de jauger l'injustice flagrante dont sont victimes nos barons locaux qui, avec un revenu annuel moyen de 555 000 $, font partie de ce qu'il est convenu d'appeler «les sous-payés de l'élite capitaliste mondiale».

Non seulement, lit-on dans *La Presse,* le grand patron canadien souffre-t-il de la comparaison avec son confrère américain qui touche environ 778 000 $US par année en moyenne, mais il est largement dépassé par son collègue argentin, qui empoche 581 000 $US, ou même le pdg mexicain, avec des revenus de plus de 488 000 $US[6].

Golden parachute :
ne partez pas sans lui !

Les « parachutes dorés » sont ces primes de séparation offertes aux cadres supérieurs pour amortir le choc du départ lorsqu'ils quittent leur fonction. Comme on ne sait jamais ce que l'avenir nous réserve en ces temps singulièrement incertains, les cadres supérieurs de l'Université de Montréal, pas plus fous que leurs homologues œuvrant dans les grandes entreprises privées, s'en sont tricoté de généreux. Les associations étudiantes de l'U. de M. se sont battues pendant vingt mois devant les tribunaux pour constater que l'illustre institution d'enseignement ne lésine pas quand il s'agit d'assurer à ses cadres sortants des conditions de transition décentes : prêt sans intérêt de 140 000 $, indemnités de départ jusqu'à 121 % plus élevées que stipulées dans les contrats (266 000 $ au lieu de 120 000 $), voiture de fonction, abonnement au Club de golf Laval-sur-le-Lac. Malheureusement, lorsque ces faits furent révélés à la presse en février dernier, le recteur, René Simard, ainsi que la vice-rectrice aux relations publiques, Claire McNicoll, se trouvaient en Europe et ne pouvaient pas les commenter. Ce sera pour une autre fois. En attendant, ces étudiants fouineurs ont créé un certain embarras. Ne pourrait-on pas leur donner un petit parachute de sécurité pour le jour où ils atterriront sur le marché de l'emploi ?

Dans un ouvrage intitulé *The Politics of Rich and Poor*[7], Kevin Phillips brosse un tableau saisissant des impacts redistributifs des politiques reaganiennes, dont l'objectif avoué était de permettre l'émancipation des riches. Au cours des années 80, le gouvernement

Reagan a encouragé la concentration de la richesse et la spéculation comme jamais auparavant. Une seule consigne prévalait : *Take the money and run,* résumerait Woody Allen. Résultat : de 1982 à 1988 aux États-Unis, le nombre de millionnaires est passé de 600 000 à 1 500 000 ; le nombre de décamillionnaires, de 38 800 à 100 000 ; le nombre de centimillionnaires, de 400 à 1 200 ; et le nombre de milliardaires, de 13 à 51. Pour la première fois de l'histoire américaine, les millionnaires furent étiquetés *nobodies,* car, pour sérieusement revendiquer ce statut, il fallait désormais détenir un actif d'au moins 10 millions !

On comprend donc aisément que, dans l'espace nord-américain, la majorité de nos riches font figure de juniors. Et nos gouvernements, bien que fortement influencés par la vague néolibérale étatsunienne, n'ont jamais pu les satisfaire autant qu'un Reagan ou qu'une Thatcher, le Canada et le Québec ayant des traditions différentes. Conséquemment, notre gratin se croit presque en terre socialiste, cherchant désespérément la lumière au bout du tunnel. Hélas ! il n'est pas au bout de ses peines, étant soumis à ce que l'ultralibéral Pierre Lemieux appelle l'« esclavage fiscal ». C'est qu'en plus d'être sous-payés, nos riches se considèrent comme surtaxés. Ça va mal à la *shop.* Plusieurs observateurs, estiment donc qu'une épée de Damoclès menace à tout moment de s'abattre sur nos têtes : l'exode de nos riches. Ah ! les maudits impôts ! Voilà enfin le thème consensuel qui nous manquait, celui qui fait fondre toutes les frontières de classes, ce nouveau ciment social qui pousse nantis et moins nantis à se liguer main dans la main contre l'État-vampire qui les siphonne goulûment. À ce stade, il n'existe ni riches ni pauvres ; seulement des contribuables. Et il n'y a pas de plus belle tromperie que celle où les plus fortunés réussissent à convaincre la masse qu'en abaissant les impôts nous serons tous plus riches.

Le canular fiscal

Révolte des contribuables. Voilà bien un sentiment qui fait boule de neige chez nous. Le Québec, longtemps considéré comme un îlot social-démocrate en cette Amérique, royaume du laisser-faire, serait-il au bord d'une crise fiscale majeure ? Ils sont nombreux à accréditer cette thèse et à jeter abondamment de l'huile sur le feu. Vrai ou faux que les Québécois – et les Canadiens – sont les citoyens les plus taxés du monde ? Si vous répondez « vrai » à cette question, votre degré de perméabilité aux rumeurs économiques dominantes a quelque chose d'inquiétant. Puisse cette section vous vacciner contre des sornettes qui, à force de pulluler, vous contaminent dangereusement.

Voyons un peu le genre de démagogie fiscale dont on nous abreuve régulièrement.

Un bon exemple est sans doute l'espèce de calendrier fiscal que publie chaque année le Fraser Institute − ce repère d'ultralibéraux, ennemis jurés de l'État redistributeur − dans le but évident d'attiser la colère des contribuables. L'organisme utilise à cet effet une technique mariant simplisme et malhonnêteté. S'appuyant sur le constat d'un fardeau fiscal annuel global de 48%, ce lobby néolibéral déguisé en centre de recherche conclut tout bonnement que les citoyens travaillent jusqu'au 23 juin (date à laquelle 48% de l'année est écoulée) pour l'État, après quoi ils peuvent enfin travailler pour eux-mêmes. L'Institut nous ressert donc tous les ans son sophisme de la «journée de libération des impôts» pour tenter de nous convaincre que nous sommes surtaxés. Comme raisonnement spécieux, difficile de trouver mieux. En réalité, qu'est-ce que la fiscalité sinon le prix que nous devons payer pour des services publics tels que les routes, la santé ou l'éducation? En s'attaquant de la sorte au financement des services publics, le Fraser vise clairement leur démantèlement en vue de les redonner au secteur privé. Or, il faut voir avec quelle obligeance nos médias tartinent ces inepties. Aucune analyse de fond sur le rôle et l'importance des services publics dans une société qui se veut moderne. Aucun exposé sur les conséquences d'une fiscalité minimale qui entraînerait inévitablement des services déficients et des inégalités plus grandes. Dans ce dossier, l'absence totale de perspective des journalistes et chroniqueurs économiques (à quelques exceptions près) les pousse à colporter aveuglément un discours antisocial à faire frémir. Chaque fois, cela me gêne. Ce faisant, ils contribuent à alimenter la grogne fiscale d'une classe moyenne déjà pressée comme un citron et à nous rapprocher du point d'ébullition[8].

Pourtant, un simple coup d'œil sur les données internationales nous indique que, parmi les 25 pays de l'OCDE, le Canada affiche un niveau de prélèvement fiscal global inférieur à la moyenne. Lorsqu'on examine la proportion des taxes (impôts sur les revenus, sur les profits, taxes à la consommation, droits de douanes, etc.) par rapport à la richesse nationale du pays (PIB), le Canada, avec 36,5 % en 1992, se situe loin derrière les pays nordiques (45 %) ou même la France, l'Allemagne ou l'Italie (entre 40 et 44 %). De plus, chose surprenante, de 1975 à 1988, le niveau total de prélèvement n'a que modestement augmenté si on examine ce qui s'est produit en France, au Japon ou encore en Italie. Voilà qui met un bémol au discours alarmiste selon lequel nous sommes surtaxés. Cela démontre également que l'existence d'un seuil d'imposition maximum que le Canada aurait prétendument atteint et qui ne pourrait être dépassé relève de la pure fabulation. En réalité, la

limite est beaucoup plus politique qu'économique. Pourtant, qui peut nier que nous
assistons à l'érosion de notre pouvoir
d'achat au fil des ans sous l'effet conjugué
de taxes de toutes sortes ? Si l'ampleur du
fardeau fiscal global n'a rien d'excessif par
rapport aux autres pays, où est le problème
alors ?

Recettes fiscales en pourcentage du PIB (1975 et 1992)

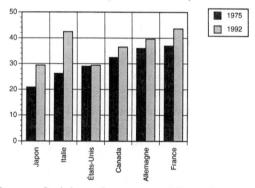

Sources : Statistiques des recettes publiques des pays
membres de l'OCDE.

Une comparaison sommaire de la struc-
ture fiscale des principaux pays industrialisés (ceux du G7) révèle en premier lieu que
le Canada affiche les taux d'imposition sur
les entreprises les plus bas. En outre, il est
loin le temps où les entreprises contribuaient
presque autant que les particuliers aux
recettes fiscales fédérales. En 1950, les parts
respectives atteignaient 28 % et 27 %. Aujourd'hui, la part des particuliers s'élève à

48 % et celle des entreprises à moins de 7 %.
Sans remonter aussi loin, on constate que,
depuis 1975, l'impôt des particuliers s'est
accru trois fois plus rapidement que l'impôt
des entreprises, d'où le déséquilibre actuel.
Et c'est sans compter la TPS et la TVQ qui
ont transféré des milliards en fardeau fiscal
des entreprises vers les particuliers.

Réglons d'abord le cas des particuliers. Il
est clair que, avec la masse actuelle des sans-
emploi, le fardeau fiscal repose sur des
épaules moins nombreuses. Normal, dans les
circonstances, que les riches attirent davantage l'attention du public. Ils furent les
grands gagnants des réformes fiscales adop-
tées au cours des années 80 par les gouvernements qui conçoivent désormais l'impôt
progressif comme un frein à l'accumulation
de richesses. Certains s'imaginent donc
qu'en les taxant davantage, on pourrait
régler le problème du déficit. Malheureusement, il n'y a pas assez de riches et même
si on leur confisquait tout leur revenu, ce ne
serait pas suffisant. Ce dernier argument,
que répète à satiété le lobby anti-fiscalité,
sert généralement à nous mettre en garde
contre l'exode des riches. Un autre truc
pour court-circuiter un débat sur l'équité du
régime fiscal. Il faut dire que les enjeux de
cette question possèdent un haut potentiel
explosif.

Par exemple, sait-on seulement que :
• dans notre régime fiscal, un huard n'est

pas toujours un huard, les détenteurs de capitaux étant favorisés par rapport aux salariés parce que le dollar provenant de gains de capital est taxé à un taux nettement inférieur au dollar issu de revenus d'emploi ;

• en 1992, on dénombrait 2 000 Canadiens gagnant plus de 100 000 $ et n'ayant payé aucun impôt grâce aux multiples déductions et abris fiscaux ;

• de 1984 à 1992, l'impôt sur le revenu des ménages à revenu moyen a augmenté de 6,7 % alors que celui des ménages dont le revenu dépassait 150 000 $ n'a augmenté que de 3 % ;

• le Canada est l'un des seuls pays de l'OCDE à ne pas disposer d'une taxe sur la richesse (abolie en 1972) et l'estimation du manque à gagner résultant de l'abolition de cette taxe tourne autour de 20 milliards de dollars pour la période 1972-1992 ;

• l'élimination dans le budget Martin de 1994 de l'exemption de 100 000 $ sur les gains de capital (qui avait privé le fédéral de plusieurs milliards) a fortement favorisé la popularité de paradis fiscaux comme la Barbade, les îles Turks et Caïcos et les îles Caïmans ;

• les fameuses fiducies familiales, ces abris fiscaux très contestés, forment une cagnotte estimée à 70 milliards de dollars qui continuera d'échapper à l'impôt au moins jusqu'en 1999 et privera ainsi le fédéral d'environ 350 millions par année.

Or, ces quelques faits ne représentent que la pointe de l'iceberg du micmac fiscal. Car il ne fait aucun doute que les véritables chouchous de nos gouvernements sont les entreprises. Il faut préserver leur compétitivité, nous clame-t-on sans arrêt. Notre gent entrepreneuriale doit jouir d'un environnement fiscal favorable si on veut qu'elle brille au firmament mondial. Eh bien justement, loin d'être malmené, le merveilleux monde des affaires est plutôt choyé. À cet égard, il est d'ailleurs assez cocasse d'observer que, parmi les sept Grands, le Japon affiche le plus haut taux d'imposition de ses sociétés. Comme quoi la corrélation entre le fardeau fiscal des entreprises et la compétitivité n'est pas aussi évidente que certains voudraient bien nous le faire croire. Quoi qu'il en soit, rien n'arrête le progrès et, pour prospérer, un petit coup de pouce de l'État demeure toujours bienvenu.

Par exemple :

• en 1987, 90 000 entreprises canadiennes ayant déclaré des profits de 27 milliards de dollars n'ont pas payé une «cenne» d'impôt. En 1992, ce nombre d'entreprises rentables exemptées d'impôt atteignait 93 000. Au cours des années récentes, un tiers des profits ont été enregistrés par des entreprises qui n'ont payé aucun impôt ;

• les sommes dues par les entreprises au gouvernement sous forme d'impôts différés totalisent 36 milliards. À 8% d'intérêt, le gouvernement pourrait aller chercher 3 milliards par année s'il n'avait pas peur de froisser l'establishment du monde des affaires ;

• de 1981 à 1985, les cinq plus grandes banques canadiennes ont enregistré des profits de 8,7 milliards dont le tiers découlait des concessions fiscales du gouvernement ;

• le gouvernement fédéral accuse un manque à gagner annuel de 200 à 300 millions du fait que des entreprises étrangères ne paient pas d'impôt.

Il n'apparaît guère exagéré dans ce contexte d'utiliser l'expression « B.S. corporatif » pour désigner cette orgie de concessions fiscales accordées aux entreprises, plus souvent qu'autrement pour des motifs injustifiables même d'un point de vue purement économique.

Les as du Monopoly

La réalité dépassant parfois la fiction, le *Globe and Mail* titrait à la une le 15 décembre 1994 : « *Banks ask millions in R & D credits* ». Pas vrai, me suis-je dit ? Pas elles aussi dans l'assiette au beurre ? Oui, mes amis, et à pieds joints ! Avant d'en venir au fait, rappelons que, quelques semaines auparavant, les six plus grandes banques à charte avaient déclaré des bénéfices nets de 4,3 milliards de dollars, un record. Après avoir joué au Monopoly avec les frères Reichmann et s'être fait échauder dans le projet Olympia

& York, elles n'ont donc pas tardé à se rem-
plumer. La pénurie, on l'aura saisi, est un
peu comme la pluie : elle ne frappe pas
partout également. Or, prévoyant à coup sûr
des réactions publiques négatives en ces
temps où nous sommes tous conviés au
régime minceur, les banques ont mis en
œuvre des stratégies de communication pour
justifier leurs profits exceptionnels. À la
CIBC, un document a même été préparé à
l'intention des directeurs de succursales afin
qu'ils puissent expliquer à leur personnel et
à leur clientèle les raisons de cet eldorado
soudain. Encore une fois, nos journalistes et
commentateurs économiques ont pris le
relais avec zèle, nous dépeignant presque les
banques comme des grosses coopératives
qui appartiennent à tout le monde. Serge
Truffaut du *Devoir* nous expliquait le plus
sérieusement du monde dans l'édition du
3 décembre 1994 que quand la banque va,
tout va ! Ainsi, parce que la Caisse de dépôt
et d'autres gestionnaires de nos fonds de
retraite possèdent des actions dans les banques, nous profiterions tous, petits épar-
gnants que nous sommes, de la manne. À
croire qu'il s'agit d'organismes à but non lu-
cratif ! Vraiment, il aurait été mieux avisé de
s'en tenir à sa chronique de jazz ce jour-là.
Doit-on rappeler que seulement un Québécois sur quatre contribue à un régime privé
de retraite et peut par conséquent aspirer à
une généreuse pension pour sa retraite ?

Il faut dire, à la décharge de Truffaut, qu'il n'a pas été le seul à défendre ces «pauvres» banques qui effectivement n'ont pas à s'excuser de faire des profits dans un système économique ne carburant finalement qu'à ça. D'autres ont rappelé que ces dignes institutions prenaient souvent de gros risques et qu'il était par conséquent normal qu'elles y gagnent au change parfois! Outre le fait qu'on voit très rarement des banques canadiennes déclarer faillite, il faut rappeler que, sur un actif total de 740 milliards de dollars (toutes les banques), seulement 5% proviennent des actionnaires et le reste, de nos dépôts. Et que le rendement de 13% enregistré sur les actions, même s'il n'a rien d'exceptionnel, se prend mieux que les 3 à 4% que rapportent nos dépôts bancaires.

Coup d'œil sur les profits bancaires (en milliards de dollars)

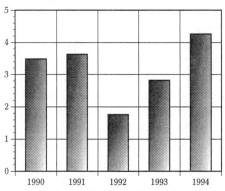

Sources : *La Presse,* édition du 7 décembre 1994.

De toute façon, revenons-en au fait que la plus riche industrie du Canada, peu de temps après avoir dévoilé un bilan extraordinaire, a effectué une demande de crédits d'impôts de 300 millions de dollars au gouvernement fédéral pour des fins de recherche et développement. Il faut savoir que bon an, mal an, le fédéral octroie environ 1 milliard de dollars de ce type de concession fiscale aux entreprises, véritables cadeaux de plus en plus difficiles à justifier dans le contexte actuel. Surtout que, dans le cas qui nous occupe, les sommes devaient servir à financer la création de nouveaux logiciels, des projets que les banques auraient réalisés de toute façon. De plus, ces crédits étaient réclamés pour des dépenses effectuées au cours d'années antérieures moins fastes. En les réclamant en période de forts rendements, elles réduisaient au maximum l'impôt à payer. Évidemment, nos défenseurs des banques se sont empressés de rappeler aux quelques «retardés» qui s'indignaient le caractère légal de ces opérations. Une certaine controverse s'ensuivit. Pendant que des chefs syndicaux grimpaient carrément aux rideaux, Gérard Bérubé, chroniqueur financier au *Devoir* qualifia le tout de «légitime, légal, mais un tantinet disgracieux». Un peu sur la défensive – on le serait à moins –, le porte-parole de la Banque Scotia, Lesley Morden, déclara que son institution «cherche constamment de nouvelles façons d'utiliser les technologies pour servir sa clientèle». De son côté, Jacek Warda du Conference Board rappela que les incitatifs fiscaux pour fin de R&D consentis par Ottawa sont les plus généreux du monde industrialisé et il se demanda s'il revenait au gouvernement de payer les logiciels des banques. D'autant plus que, au rythme auquel les banques licencient leur personnel depuis quelque temps, ces crédits d'impôts ressemblent drôlement à des subventions gouvernementales à la supression d'emplois.

Cet événement ne fait que mettre en lumière le fait que, contrairement à une idée reçue, les tiroirs ne sont pas tous vides dans ce pays. Même qu'en cherchant aux bons endroits, on a parfois des surprises en trouvant 500 millions ici, 2 milliards là pour finalement s'apercevoir qu'en réalité le problème du déficit ne découle pas principalement d'une perte de contrôle sur les dépenses publiques. On oublie trop souvent la colonne des revenus.

Il faudra se souvenir à l'occasion du prochain «Festival des guignolées», désormais l'événement *in* du temps des fêtes au Québec, qu'en dépit des problèmes financiers qui tenaillent nos riches il subsiste encore chez nous quelques bons buffets à côté des nombreuses soupes populaires[9]. Il faudra également s'en souvenir lorsqu'on nous ressortira la réforme Axworthy du placard pour achever le nivellement de nos programmes sociaux avec ceux des États-Unis. Il faudra enfin y repenser en se serrant naïvement la ceinture, croyant participer à l'édification d'une société future plus prospère. Le genre de rêve fugace dont les chances de se réaliser sont à la mesure des stratégies douteuses qui doivent nous y mener.

Conclusion

En finir avec l'économisme?
Une longue odyssée

Partout, le thermomètre de l'économisme grimpe. Pourtant, le baromètre de la qualité de vie chute dangereusement et on n'observe guère de réchauffement de la solidarité sociale, bien au contraire. Il est assez sordide de constater que, pendant que 20% de l'humanité s'affaire à brancher les dernières connexions d'une autoroute informatique qui lui permettra de s'enrichir encore plus rapidement, ses quatre cinquièmes demeurent aux prises avec des problèmes moins *glamour* tels l'alimentation, le manque d'eau potable, le logement, etc. Pourtant, en dix ans, soit de 1983 à 1993, les transferts financiers nets du tiers monde vers les pays développés se sont élevés à 300 milliards de dollars ! Comme on le voit, la pompe fonctionne à l'envers et si la tendance se maintient, comme dirait Bernard Derome, en l'an 2020, la population mondiale avoisinera les 8 milliards d'individus. Sur ce nombre, on devrait compter 3 milliards de pauvres, 2,5 milliards de sans-abri et 2 milliards de personnes n'ayant pas accès à l'eau potable[1].

À cette polarisation dramatique entre pays riches et pays pauvres s'est ajoutée une autre polarisation à l'intérieur même des pays riches. Le chômage et la pauvreté endémiques qui sévissent dans les pays industrialisés mettent en lumière la gravité de cette nouvelle fracture. Par ailleurs, au moment même où le riche n'a jamais été aussi applaudi voire célébré, le pauvre est culpabilisé et accusé de tous les maux. On daigne à peine lui indiquer le chemin de la soupe populaire la plus proche, l'État n'ayant plus les moyens, nous dit-on, de lui assurer une protection sociale décente. Quatre éléments fondamentaux du contrat social de l'après-guerre sont battus en brèche partout, à savoir le droit au travail, la lutte contre la pauvreté, la protection contre les risques individuels et sociaux, ainsi que la promotion de l'égalité des chances pour tous[2]. Quant au bilan environnemental d'un siècle de développement économique anarchique, il apparaît lui aussi tellement accablant que les auteurs du rapport Bruntland sur le développement durable sonnaient l'alarme en 1991.

> *The conclusion is that economic activity cannot proceed any longer under the banner of business as usual. Specifically it is no longer tenable to make economic growth, as conventionally perceived and measured, the unquestioned objective of economic development policy*[3].

Mais ce genre de mise en garde n'a guère d'écoute. Les participants aux sommets internationaux comme celui de Rio sur l'environnement (1992) et celui de Copenhague sur le développement (1995) ont eu beau émettre des dizaines de recommandations, ces dernières n'ont aucun caractère contraignant pour les États. La logique marchande continue donc de s'enraciner partout, la course folle à la compétitivité a le vent dans les voiles et l'implacable dictature du marché poursuit son œuvre froidement. Les quelques centaines d'entreprises transnationales qui dirigent le monde ne rendent de comptes qu'à leurs actionnaires, sous l'œil complice de gouvernements complètement anesthésiés par les fausses promesses du libéralisme économique. De plus, avec la montée des produits financiers dérivés – qui permettent aux spéculateurs de réduire les risques de leurs transactions financières –, les mouvements massifs de capitaux à l'échelle planétaire prennent un tel essor que l'économie financière se transforme à toutes fins pratiques en une sorte d'économie virtuelle dictant désormais ses lois à l'économie réelle (production de biens et services). Inexorablement, la «financiarisation» de l'économie pousse nos sociétés vers une trajectoire de plus en plus chaotique.

Face à ces constats plutôt sombres, on attendrait de l'Économie – la discipline – un éclairage minimal permettant de jeter les bases d'une solution de rechange ou, plus modestement, d'esquisser des solutions afin que l'économie – l'ensemble des activités humaines de production, de distribution et de consommation des biens et services – retrouve sa vocation première, soit d'assurer le bien-être des collectivités. Or, en lieu et place, on a plutôt droit à un salmigondis de théories marquées au sceau de la subjectivité, de l'incohérence et de l'asservissement à l'idéologie dominante. Que l'Économie, à l'instar d'une foule d'autres champs de la connaissance humaine, n'ait pas atteint dans ses analyses le degré de précision d'une science exacte, nul ne saurait le lui reprocher. Mais que les disciples du courant économique dominant, sous le couvert d'une fausse objectivité, se cantonnent à la promotion bête d'un modèle de développement totalement incompatible avec le respect de l'environnement et avec l'émancipation sociale et culturelle du plus grand nombre, dénote de leur part une inconscience inconcevable.

Au Canada et au Québec, des sociétés capitalistes très proches des États-Unis, il semble devenu normal aux yeux de tous que nos hommes d'affaires, nos banquiers et même nos politiciens n'aient aucun sens critique vis-à-vis de l'hégémonie de la sphère économique sur les domaines social et culturel. Aussi, il paraît aller de soi que ces élites adhèrent et militent en faveur du néolibéralisme, ce formidable véhicule de propagande d'un économisme déjà dominant. J'entendais il y a quelques mois au radio-journal de la SRC une journaliste rapporter les propos du premier ministre Jean Chrétien alors en mission économique en Asie du Sud-Est. À propos du Viêt-nam où il se trouvait, il déclara : « Il faut qu'on soit là avant les Américains et les Allemands car la main-d'œuvre est très bien éduquée et très bon marché ici[4]. » Bien sûr, ce politicien n'est pas reconnu pour sa subtilité. Mais qui pourrait nier qu'il a dit tout haut ce que plusieurs pensent désormais tout bas ? D'ailleurs, à quoi rime le libre-échange avec le Mexique, et bientôt avec le reste de l'Amérique latine, sinon à mener cette espèce de safari au *cheap labor* ?

Or, pareilles déclarations de nos dirigeants ne sont guère critiquées par les économistes et les journalistes pour la simple et bonne raison que ces derniers partagent l'idéologie du « marché roi ». Celle d'un monde où tout se monnaye et où les activités autres qu'économiques ne sont que purement accessoires. Tout se passe en fait

comme s'il n'y avait qu'une seule voie possible, celle que nous impose l'économie ou
plutôt une certaine vision de l'économie.
Quand entend-on parler d'une économie où
la compétition céderait le pas à la coopération? D'une économie qui prendrait en
compte les activités domestiques dans la définition du travail? D'une économie où l'environnement, le social et le culturel seraient
vus autrement que comme des contraintes à
la sacro-sainte rentabilité? Ou encore d'une
économie où la répartition de la richesse
importerait autant que sa production?

Pour l'heure, nous sommes plutôt conviés à un débat visant à déterminer qui du
Québec ou du Canada formera le meilleur
Wall Mart à l'approche du XXIᵉ siècle. On
demande aux gens de choisir la taille et la
langue d'affichage d'une grande surface
alors qu'ils sont de moins en moins nombreux à avoir les moyens d'y magasiner.
Quand la définition d'un nouvel ordre
sociopolitique se limite à cela, c'est sans
doute, comme le dit Marylin French, que
nous avons un problème avec l'agencement
de nos valeurs sociétales.

Quoi qu'il en soit, critiquer l'économisme
en 1995 au Québec a sans doute autant d'effet qu'une chanteuse qui se présente au Stade
olympique sans micro. Un vague écho perdu
dans l'immensité. Qu'importe! Pour un bref
moment, cela m'aura au moins permis de
couvrir le bruit des caisses enregistreuses...

Notes

Introduction • La fureur du cash

1. Titre d'une chanson de Diane Dufresne sur le CD *Détournement majeur*.

2. Courtemanche, Gil, «La panacée occidentale», *Le Soleil,* 19 décembre 1993.

3. Attali, Jacques, et Guillaume, Marc, «L'Anti-économique», *Économie en liberté,* Presses universitaires de France, 1975, p. 24.

4. Godbout, Jacques, «Non au prêt à penser», commentaire dans *L'actualité,* 1er septembre 1994.

5. Extrait d'une entrevue du metteur en scène Claude Brassard accordée au *Devoir,* 1er août 1994, p. B1.

6. Roy, Jean-Hugues, «Rêver Montréal», entrevue avec Léo-Paul Lauzon, dans *Voir,* 18 juin 1992.

7. Galbraith, J. K., *La République des satisfaits,* Éditions du Seuil, 1993, p. 12.

8. L'emploi d'une majuscule sera notre façon de distinguer la discipline souvent appelée science économique de l'économie en tant que réalité dans laquelle on se débat quotidiennement

9. Claude Béland fustige l'économisme dans une homélie choc, *La Presse,* 9 mars 1992.

Chapitre 1 • L'Économie : science ou fumisterie ?

1. Albertini, Jean-Marie, *Des sous et des hommes,* Éditions du Seuil, 1985.

2. Beaud, Michel et Dostaler, Gilles, *La Pensée économique depuis Keynes,* Éditions du Seuil, 1994.

3. Galbraith, J. K., *La République des satisfaits,* Éditions du Seuil, 1993, p. 86.

4. Heilbroner, Robert, «Particularités et limites de la démarche scientifique en économie» dans *Problèmes économiques,* n° 1353, janvier 1974.

5. Attali, Jacques et Guillaume, Marc, «L'Anti-économique», *Économie en liberté,* PUF, 1975, p. 10.

6. Bienaymé, Alain, «L'œil des mathématiques et le regard des économistes», *Problèmes économiques,* n° 2.373, avril, 1994.

7. *Ibid.*

8. Abouchar, Alan, «Through the glass darkly», *Challenge,* juin 1989. La citation provient d'une traduction de l'article paru dans *Problèmes économiques* n° 2.194, octobre 1990.

9. *Ibid.*

10. Guitton, Henri, «Que penser de la formalisation ?», *Analyses de la SÉDÉIS,* janvier 1986.

11. Woo, M. K., *What is wrong with formalization in economics, an epistemological critique,* Hong-kong, Victoria Press, 1986.

12. Dutrisac, Robert, «Gilles Dostaler : un anti-impérialiste de la pensée économique», entrevue dans *Le Devoir,* 25 avril 1994.

13. *Ibid.*

14. Warde, Ibrahim, «Économistes en délire», *Le Monde Diplomatique,* juillet 1994.

Chapitre 2 • Stats, mensonges et économie

1. Bourgault, Pierre, «Le marché de l'économie», *Le Devoir,* 10 mai 1994.

2. Entretien avec *Le Nouvel Observateur*, 6-13 mai 1993.

3. Chemillier-Gendreau, Denis, «Les indicateurs économiques: quelle fiabilité pour quel usage?» *Problèmes économiques*, n° 2.260, 29 janvier 1992.

4. Beaulne, Pierre, «Les cotes de la bourse aux nouvelles télévisées: de la désinformation», *En ligne directe*, vol. 9, n° 1, septembre-octobre 1980.

5. Temam, Daniel, «Bourse-économie: le mariage blanc», *Alternatives économiques*, n° 96, avril 1992.

6. Jannard, Maurice, «Une croissance qui rapporte emplois et dividendes», *La Presse*, 17 décembre 1994, p. F1.

7. Maris, Bernard, *Des économistes au-dessus de tout soupçon ou la grande mascarade des prédictions*, Albin Michel, 1990, p. 89.

8. Temam, Daniel, «L'univers des prévisions économiques», *Alternatives économiques*, n° 106, avril 1993.

9. Leconte, Catherine, «Les prévisions économiques: un service utile... malgré un taux d'erreur de 50%», *Le Devoir*, 30 décembre 1992.

10. Jannard, Maurice, «Les devins: la modestie a bien meilleur goût», *La Presse*, 11 décembre 1993, p. C1.

Chapitre 3 • Productivité, compétitivité, croissance: triade de l'intégrisme économique

1. Clairmont, Frédéric F., «La diabolique logique de la productivité», *Le Monde Diplomatique*, juillet 1994.

2. Clairmont, Frédéric F. et Cavanagh, John, «Sous les ailes du capitalisme planétaire», *Le Monde Diplomatique*, mars 1994.

3. Poole, Érik et Rioux, Ronald, «Vous dites productivité, mais laquelle?», *Le Devoir*, 27 juillet 1994, p. A7.

4. Froment, Dominique, «Plus de 80 % de la productivité dépend des dirigeants et non des employés», *Les Affaires*, Cahier spécial, 11 septembre 1993, p. C-12.

5. Voir l'excellent article de Paul-Louis Brodier intitulé «La productivité n'est pas ce que vous croyez», *Harvard-L'Expansion,* automne 1992.

6. Marti, Serge, «Retour à l'âge d'or de la productivité», article du journal *Le Monde* reproduit dans *Le Devoir,* 7 novembre 1994, p. B2.

7. Petrella, Riccardo, «Litanies de Sainte compétitivité», *Le Monde Diplomatique,* février 1994.

8. Groupe de Lisbonne, *Limites à la compétitivité : vers un nouveau contrat mondial,* Boréal, 1995.

9. Dutrisac, Robert, «Un cheval de Troie virtuel», *Le Devoir,* 25 et 26 février 1995.

10. Clerc, Denis, «De la production de richesses à la production d'exclus», *Le Monde Diplomatique,* juillet 1992.

11. Attali Jacques, et Guillaume, Marc, «L'Anti-économique», *Économie en liberté,* PUF, 1975, p. 121.

12. Petrella, Riccardo, «Une même logique inégalitaire sur toute la planète», *Le Monde Diplomatique,* janvier 1991.

13. Delmas, Philippe, *Le Maître des horloges,* Éditions Odile Jacob, Points, 1991.

Chapitre 4 • La question nationale : un beau cas d'intoxication économique

1. Bourgault, Pierre, «Les marchands de tapis», *Le Devoir,* 15 novembre 1994.

2. Chartier, Jean, «Le Comité pro-Canada de 1980 revit sous une nouvelle appellation», *Le Devoir,* 5 février 1995.

3. *Ibid.*

4. Dubuc, Alain, «La souveraineté à l'ombre de la dette», éditorial de *La Presse,* 4 février 1995.

5. Commission sur l'avenir politique et constitutionnel du Québec, *Éléments d'analyse économique pertinents à la révision du statut politique et constitutionnel du Québec,* document de travail, n° 1, 1991.

Chapitre 5 • Le néolibéralisme : l'économisme à son zénith

1. En vertu de cette philosophie, plus l'État fait des concessions aux mieux nantis, plus il retombe de miettes vers le bas de l'échelle. Galbraith illustre cette théorie en évoquant un cheval à qui on donne tellement d'avoine qu'il en laisse forcément tomber sur la route pour les moineaux.

2. Clerc, Denis, « Requiem pour un marché libre et trop parfait », *Économie et Humanisme,* n° 323, octobre-décembre 1992.

3. Polanyi, Karl, *La Grande Transformation,* Éditions Gallimard, 1983, p. 184.

4. *Ibid.,* p. 189.

5. *Ibid.,* p. 201.

6. Dubuc, Alain, « Les *moumounes* du néolibéralisme », *La Presse,* 13 janvier 1994.

7. Migué, Jean-Luc, *Une société sclérosée,* L'Étincelle éditeur, 1994, p. 116.

8. OCDE, *Employment Outlook 1994,* 1994.

9. Migué, Jean-Luc, *op. cit.,* p. 27.

10. Julien, Claude, « Le libéralisme contre la société : Complices ou insurgés », *Le Monde Diplomatique,* décembre 1993.

11. Picher, Claude, « L'ombre du FMI », *La Presse,* 9 octobre 1993.

12. Clairmont, Frédéric F., « Cinquante ans après la faillite de Bretton Woods », *Le Monde Diplomatique,* décembre 1994.

13. Picher, Claude, « D'Edmonton à Québec, en passant par Wellington... », *La Presse,* 11 juin 1994, p. C3.

14. Voir à ce sujet : National Union of public and general employees, *If Pigs could fly : the hard truth about the « economic miracle » that ruined New Zealand,* 1994.

15. Hotson, John H., «Dette fédérale et culpabilité nationale», *Les pièges de l'austérité,* Presses de l'Université de Montréal et Presses de l'Université de Grenoble, 1993.

16. Dutrisac, Robert, «Coter et être cotée», *Le Devoir,* 24 décembre 1994, p. B1.

17. Martin, Patrice et Savidan, Patrick, *La Culture de la dette,* Boréal, 1994.

18. Hotson, John H., *op. cit.,* p. 180.

19. Centre canadien de recherche en politiques de rechange, *Saigner le patient,* 1993.

20. Mimoto, H. et Cross, P., «The growth of the federal debt», *Canadian Economic Observer,* juin 1991.

Chapitre 6 • La misère des riches

1. Quinty, Marie, «Les secrets de la haute», *Affaires Plus,* vol. 16, n° 9, 1er novembre 1993.

2. *Ibid.*

3. Duhamel, Pierre, «Les 100 Québécois les plus riches», *Affaires Plus,* vol. 18, n° 6, juillet 1993.

4. Durivage, Paul, «Il n'y a pas eu de récession pour les chefs d'entreprise», *La Presse,* 13 août 1994.

5. Bernard, Michel, et Lauzon, Léo-Paul, «Les banques encaissent des milliards en "petites coupures"», *L'Aut'JOURNAL,* n° 130, 1er février 1995.

6. Durivage, Paul, *op. cit.*

7. Phillips, Kevin, *The Politics of Rich and Poor,* Random House, 1990.

8. Traduit de l'expression *Boiling point,* le titre d'un excellent ouvrage de Kevin Phillips publié chez Random House en 1993.

9. Voir à ce sujet l'excellent article de Kimon Valaskakis, «Buffets et soupes populaires: les deux visages de l'économie», *La Presse,* 23 octobre 1994.

Conclusion • En finir avec l'économisme ? Une longue odyssée

1. Petrella, Riccardo, «Pour un contrat social mondial», *Le Monde Diplomatique*, juillet 1994.

2. Groupe de Lisbonne, *Limites à la compétitivité : vers un nouveau contrat mondial,* Boréal, 1995.

3. UNESCO, *Environmentally sustainable economic development : building on Bruntland,* 1991.

4. Radio journal de la SRC à 9 heures le 16 novembre 1994.

Table
des matières

Mise en pages et typographie :
Les Éditions du Boréal

Achevé d'imprimer en avril 1995 sur les presses de
AGMV inc., à Cap-Saint-Ignace, Québec